現代旅行のアーキテクチャ

パッケージツアーの構造とその変化

野口洋平 著
Yohei NOGUCHI

晃洋書房

目　　次

図表目次

第1章　パッケージツアーの構造とその変化を分析する

第1節　パッケージツアーを分析する背景と目的

第1項　現代旅行とパッケージツアー

　日本の観光の歴史において，旅行業者が企画・造成し，販売するパッケージ[1]ツアーは，観光の大衆化＝マス・ツーリズムに大きく貢献してきた．前田（2015 [1995]：93-96）は，このパッケージツアーついて，「旅行業者による“主催旅行”[2]の呼称で，一般に交通と宿泊を中心とした“旅行のセット”であり，“購入する”ことで誰でもが旅行に参加できるという意味で，“観光旅行大衆化時代”を象徴する旅行関連サービスの商品である」と指摘している．海外旅行の分野では，1964年の海外旅行自由化を機に，パッケージツアーをはじめとするさまざまな商品やサービスが登場し（小林，2009：35），海外旅行者数の増加とともに，その種類や量が増え続け多様化していった．

　パッケージツアーは，一般に，旅行業者によってあらかじめ旅行のテーマや内容が決められていて，宿泊や交通などの必要な手配や予約が済んでいる（立教大学観光学部旅行産業研究会，2016：52）．また，旅行業者の店舗等に並ぶ旅行パンフレットに掲載される商品の中には，長く販売され続けるロングセラー[3]が存在する（津山・太田，2000：69-70）．その一方で，時代ごとのトレンドや市場環境に合わせて，組み合わされる旅行サービスの種類や数，組み合わされ方が変化してきた．例えば，旅行の骨格にあたる交通と宿泊のみを組み合わせた商品（スケルトン型商品）が販売され，旅行経験の豊富な旅行者や価格に敏感な若者などに支持されている．そして，パッケージツアーの原型ともいえる，交通や宿泊，食事，見学，添乗員などの旅行サービスを組み合わせた，至れり尽くせり商品（フルパッケージ型ツアー）は，高級志向のものや特別な趣味嗜好を満たすものへの進化も含め，現在まで引き続き企画・造成・販売されている．

　このように，日本のパッケージツアーの商品としての構造・構成を見ると，その誕生から現在までのあいだで，変化した点と変化していない点がある．ここでのパッケージツアーの商品としての構造・構成とは，当該パッケージツアー内に，どのような旅行サービスが，どのように組み合わされているのか，すなわち，組み合わされる旅行サービスの種類と数の状況，および商品として成立するための仕組みのことである．本書における研究（以下「本研究」と表記）は，パッケージツアーの商品としての構造や構成，およびそれらの変化を取り上げ，特にパッケージツアーや旅行業界，それらにおける競争に大きな影響を与えた変化について，その契機や仕組みに注目する．

　本研究は，パッケージツアーのうち，日本の旅行業者が国内市場向けに造成・販売する商品を研究の対象とする．日本のパッケージツアーを対象とした先行研究について，鈴木（2010：51）は，パッケージツアーの特徴，あるいは観光における商品一般の特徴について，これまでマーケティング研究や観光経済学，旅行業務に関する実務的な研究において整理が試みられ，概ね「無形のサービス」「他社（当該旅行業者とは別の企業）の提供するサービスの集合」とされている，と指摘している．そのほか，観光研究に加えて，サービス研究（例えば，高橋，1998；羽田・中西，2005など）でも議論されている．

　また，日本のパッケージツアー市場での競争においては，ライバル他社を意識した競争戦略の展開，商品の改良などが重ねられてきた．同時に，企業内でも商品間や目的地間での競争があった．こうした，パッケージツアーをめぐる競争について，狩野（2008b：77）は，特定のセグメントをターゲットにすることやサービスの質を向上させて付加価値をつけることなどがあるものの，特に大手旅行業者の場合は「低価格戦略」が主眼になると指摘している．こうしたパッケージツアーの変遷をめぐっては，歴史的な経緯について背景を含めて検討している先行研究（例えば，岡本・小林・廣岡，2009；竹中，2011；立教大学観光学部旅行産業研究会，2016；吉水・瀬戸，2018など），旅行業者の経営戦略に関する先行研究（例えば，狩野，2008a；2008b；今西，2001；2012a；2012b；2013；2016など）があるものの，パッケージツアーのイノベーションに着目し，そのきっかけや要因について体系的に検討した先行研究は見られなかった．ここでの「イノベーション」とは，組織が労働力，資本，原材料，情報を，価値の高い製品やサービスに変えるプロセスとしての「技術」の変化である（Christensen，1997：xvii 玉田監修・伊豆原訳，2001：6）[4]．また，パッケージツアーをめぐる，規模の異なる

企業間の競争や同一企業内での競争にも当てはまるような，パッケージツアーの商品としての構造や特性に基づいた，一般的な説明を行った先行研究は見られなかった．

　パッケージツアーを含む旅行業界における競争やイノベーションをめぐる学術研究について，小林（2010）は，「旅行業におけるイノベーション」に焦点を当てて体系的に研究したものはいまだに見られないと指摘している．また，狩野（2008b：52-53）は，旅行業界の産業構造に関する先行研究について，いずれも公刊データを利用した定量的分析を行い，企業規模の零細さ，参入障壁の低さ等の旅行業の基本的特性を取り出しているものの，Porter（1980）が示した「経済および技術の構造に基づく業界の基本的特性」を取り出すという視点に欠けていると指摘している．さらに，狩野（2008b：52-53）は，旅行業界について学術的，体系的に研究を行ったものはあまり多くなく，特にその競争優位性を扱ったものは見られないとも指摘している．近年においては，インターネットの普及を背景に，パッケージツアーや旅行業における情報通信技術の応用やその影響に関する学術研究等の増加が目立つものの，基本的に，小林（2010：64）や狩野（2008b：52-53）が指摘するような状況が続いている．

　以上のように，日本のパッケージツアーをめぐる先行研究は，研究対象および研究方法においてそれぞれ独立していて，研究成果について相互の関係性や因果関係の分析や検討が十分になされていない．

第2項　分析対象と分析枠組

（1）分析対象

　本研究では，日本のパッケージツアーの構造・構成とその変化について，特に「海外パッケージツアー」の変遷を通じて検討する．海外旅行は，一般に国内旅行と比べて，非日常性や知覚されるリスクが高く（秋山，2006：61），また，言葉や生活，文化，習慣の違いなどから，旅行業への依存度が高くならざるを得ないという性質があるため（髙井，2013：45），特に外国語や旅行経験，旅行技術の点から，パッケージツアーに対する旅行者のニーズが国内旅行と異なることが考えられる（表1-1）．そのほか，観光旅行に伴う各種リスクへの対処として，家族や友人とグループを組んでパッケージツアーに参加する（秋山，2006：62）といった特徴もある．よって，パッケージツアーに関する研究において，特に海外パッケージツアーを対象とすることで，研究対象の特徴をより

表 1-1　国内旅行と海外旅行の比較

比較要素	国内旅行と海外旅行の比較
非日常性 （秋山，2006：61）	国内旅行　＜　海外旅行
知覚されるリスク （秋山，2006：61）	国内旅行　＜　海外旅行
旅行業への依存度 （髙井，2013：45）	国内旅行　＜　海外旅行

（出典）秋山（2006：61），髙井（2013：45）を元に筆者作成.

明確にすることができ，また明解な議論が可能になることが期待できる．

　また，本研究の関心がマス・ツーリズムを象徴する旅行関連サービスとしてのパッケージツアーであり，またパッケージツアー自体の構造・構成とその変化との関係性であるため，インターネット等の情報通信技術の発達や普及によって，パッケージツアーの企画・造成・販売・実施に関連する技術や環境が変化し，産業構造や観光者との関係性が大きく変化する前の時期・段階を対象とする．インターネット等の情報通信技術の発達や普及とパッケージツアーに関連する市場の動向としては，2017年4月から2018年3月の日本の旅行業者取扱額[5]を見ると，1位のJTBに続いて，インターネット上で旅行業ビジネス（Online Travel Agent，OTA）を展開する楽天トラベルが2位になっている．また，海外旅行における予約・手配については，観光目的の旅行では，2016年に旅行者自身による手配が51.3％となり，旅行会社のパッケージ利用45.3％を初めて上回った[6]．そして，直近の海外旅行を申込先・購入先について（2018年），全体では旅行業者のウェブサイト等のインターネットが67.0％で，店舗への来店等が20.2％であった[7]．このように，インターネット等の情報通信技術の発達や普及は，すでにパッケージツアー市場に大きな影響を与えており，パッケージツアーや旅行業との関係をめぐっては，独立した研究課題として別途検討されることが期待される．

　さらに，海外パッケージツアーでは，旅行業者が旅行企画に沿って旅行サービスの予約・手配を行う場合と，ランドオペレーターと呼ばれる現地の予約・手配を専門とする旅行業者が担う場合とがある．国・地域によっては，ランドオペレーターを通した予約・手配が原則になる場合があるなど，ランドオペ

レーターはパッケージツアーに関する分析と検討において重要な存在である．同時に，ランドオペレーターの機能と役割は，パッケージツアーを造成する旅行業者の規模や旅行企画の内容，目的地によって異なる．実際，ランドオペレーターがほとんどの予約・手配を行う場合と，一部の予約・手配を行う場合とがある．この点について，藤本・森下（2011：134-135）は，航空座席の仕入れは，各旅行業者が航空会社と直接行うものの，ホテル客室の仕入れは，ほとんどの場合，ランドオペレーター経由の仕入れとなり，その中で大手旅行業者は，自社の海外法人ネットワークを各大陸に持ち，社内ランドオペレーターとして機能させるのと同時に，仕入れ量拡大のために，社外のランドオペレーターを併用する場合があると指摘している．この点について，今西（2016：129）は，現実にはすべての旅行業者が，すべての業務をランドオペレーターに委託しているわけではなく，ランドオペレーションに対する旅行業者の方針は，(a) 自社で行う，(b) 他社に委託する，(c) 自社で行う場合と他社に委託する場合がある（a と b を併用する），の3タイプに分かれると指摘している．

　このように，旅行業者とランドオペレーターの関係は多様であり，時代とともに変化するなど，実態としていくつかの形態が存在するため，本研究では，パッケージツアーの旅行企画および予約・手配の内容を決定する主導権は，基本的に旅行業者側にあると仮定する．ランドオペレーターの経営，海外パッケージツアーの造成と催行における旅行業者との関係，旅行業経営におけるランドオペレーターの存在については，すでに本研究とは異なる視点からの先行研究があり，それらの成果の統合は，独立した研究課題として別途取り組まれることが期待される．

(2) 本研究の分析枠組み

　本研究は，パッケージツアーの商品としての構造・構成とその変化に注目する．また，商品としての構造・構成の変化の中でも，特にパッケージツアーや旅行業界に大きな影響を与えたものについて，その契機や仕組みに注目する．そして，それらの変化をイノベーションと捉えて分析・検討する．

　本研究の分析の枠組みについては，主に工業製品をめぐる研究において用いられている，製品のイノベーションと製品の構造や特性の関係に着目した「製品アーキテクチャ論」が有効であると考えられる．

　その理由として，

① 製品に用いられる技術の変化ではなく，実際の製品に見られる階層化され
た構造や，構成要素間の関係性における技術進歩に着目
② 製品全体のイノベーションが構成要素自体のイノベーションからだけでな
く，構成要素間のつなぎ方のイノベーションによっても発生することを議
論

という，製品アーキテクチャ論をめぐる2つの特徴（佐伯，2008：133-162）があ
り，複数の企業が提供する，複数の旅行サービスの組み合わせとしてのパッ
ケージツアーを分析する視点として適していると考えられるためである．また，
立本（2009：23）は，製品アーキテクチャが分業構造に与える影響は，経営学
上の中心的なテーマであると指摘し，アーキテクチャの性質から導き出される
技術特性の違いは，技術を分別せずに考察された既存研究に対して多くの洞察
をもたらしていると指摘している．以上のことから，本研究では，パッケージ
ツアーを対象とした研究においても，製品アーキテクチャ論に基づいて先行研
究の成果を見直し，分析・検討することで，新たな知見を得られることを期待
している．

　この製品アーキテクチャ論における「アーキテクチャ」とは，どのように製
品を構成部品や工程に分類し，そこに製品機能を分配し，それによって必要と
なる備品・工程間のインターフェース（情報やエネルギーを交換する「継ぎ手」の部
分）をいかに設計・調整するかに関する基本的な設計構想のことである（藤本，
2001：4）．アーキテクチャの代表的な分類法としては，モジュラー型とインテ
グラル型という軸と，オープン型とクローズ型という軸がある（藤本，2001：
4-7，佐伯，2008：136-140）．

　佐伯（2008：133-162）によれば，イノベーションをめぐっては，主に製品全
体の付加価値の総和が対象とされていて，実際の製品に見られるような階層化
された構造や，構成要素間の関係性における技術進歩については十分に反映さ
れず，こうした構成要素間の関係性などが製品全体の差別化に影響を与えるこ
とが指摘されてきた．その中で，製品全体のイノベーションが構成要素自体の
イノベーションからだけでなく，構成要素間のつなぎ方のイノベーションに
よっても発生することが指摘され，製品アーキテクチャに関する議論につな
がっていった（佐伯，2008：133-162）．この「アーキテクチュラル・イノベー
ション」では，アーキテクチャを変化させることで，構成要素に対する強力な
開発能力を有する支配的な企業に挑戦が可能になる（佐伯，2008：135-136）．

　本研究では，パッケージツアーのテーマを「設計構想」に，組み合わされる交通や宿泊，案内などの旅行サービスを「構成要素」に，また，パッケージツアーを造成する旅行業者を「組み立てメーカー」に，組み合わされる旅行サービスを提供する企業を「部品メーカー」に，それぞれ見なすことができると仮定する．その上で，日本のパッケージツアーを対象とした学術研究において，サービス商品の特性を応用した既存の分析や検討，説明に加え，工業製品のように製品アーキテクチャ論からの議論が可能ではないかと考える．

第3項　研究目的と研究方法，意義
(1) 研究の目的と研究の方法
　本研究は，日本で海外旅行が自由化された1960年代中頃から，OTAなどインターネットを利活用した旅行ビジネスが登場する前の1990年代後半までの期間を対象に，日本のパッケージツアーについて，製品アーキテクチャの視点からの分析を通じて，パッケージツアーの商品としての構造や構成，特性を明らかにし，それらをふまえ，イノベーションの契機や仕組み，業界内での競争において採用される戦略を検討することを目的とする．

　以上のような研究の目的を達成するため，本研究では次のような方法で研究を行う．

- 海外旅行が自由化された1960年代中頃からOTAなどインターネットを利活用した旅行ビジネスが登場する前の1990年代後半までの期間を対象に，パッケージツアーの構造・構成，特性，パッケージツアーをめぐる競争について，製品アーキテクチャの視点から文献研究を行う．
- 上記期間におけるパッケージツアーをめぐるイノベーションの契機や仕組み，業界内での競争における対応について，次の① の方法で収集した先行研究（巻末に参考資料として一覧を掲載）の中から，② のような手順で内容を確認した上で，本研究の目的を踏まえた③ および④ のような基準で取り上げたパッケージツアーや旅行業，旅行業界を対象にした先行研究および資料をもとに検討する．
① 2012年10月から2019年12月までの期間において，国立情報学研究所の学術情報データベース CiNii（Citation Information by NII），Google社の学術用途の検索エンジンである Google Scholar を使用し，「パッケージツアー」「旅

行商品」「パックツアー」「海外旅行」「旅行業」「旅行会社」を検索キーワードに，1960年から2019年を発行期間に，それぞれ設定して得られた検索結果から，パッケージツアー，旅行業，旅行業界について論じた学術論文，学術文献を抽出

② ① について，全文またはタイトル，要約，キーワードを確認し，特定の旅行業者のみを対象としたもの，特定の時期または特定の現象のみを対象としたもの，資料等の確認・参照がなく個人的な経験のみに基づき記述されたもの，就職活動向けのものを含む業界研究書，実務向けの手引書等，本研究の目的に該当しないものは除外

③ パッケージツアーを対象に，先行研究に基づき理論的に検討した研究，または旅行業の経営戦略に関する研究の中で，パッケージツアーを対象に先行研究に基づき理論的に検討した研究（表1-2）

④ パッケージツアーを対象に，資料または実態調査に基づき説明した研究，または旅行業の経営戦略に関する研究の中で，パッケージツアーを対象に資料または実態調査に基づき説明した研究（表1-3）

(2) 研究の意義

本研究における研究の意義は次のとおりである．

これまで，パッケージツアーを対象とした研究では，主に「サービス商品としての特徴を有している」という視点から行われてきた（鈴木，2010：51）．それに対して，本研究は，パッケージツアーとそれを造成する旅行業界におけるイノベーションや競争，消費者との関係性など，産業としての特性に着目し，学術的，体系的にパッケージツアーを検討することを目的にしている．その成果として，今後の観光研究において，パッケージツアーのサービス商品としての側面と，旅行業界のサービス産業としての側面の両面から，立体的にパッケージツアーが検討されることが可能になることが期待される．

(3) 本研究のオリジナリティ

本研究のオリジナリティについては，パッケージツアーについて，商品としての構造・構成，特性，その変化における比較的大きな事象の背景や契機，市場における競争と戦略について，経営研究において工業製品を分析する枠組みである製品アーキテクチャ論の視点から検討する点にある．また，その際に

表 1-2　③ 先行研究に基づき理論的に検討した先行研究

先行研究 （著者・発行年）	主な内容・研究対象
井原（2003）	クラブツーリズムについてリレーションシップ・マーケティングの視点から分析・検討
廣岡（2003） 廣岡（2005b）	旅行業法と商品取引の視点からパッケージツアーについて分析・検討
鈴木（2003）	製品ライフサイクル理論からパッケージツアーについて分析
王（2005）	戦後の旅行市場と旅行業の展開について分析・検討
王（2007）	日本と中国の旅行業を対象にした比較研究
石崎（2008）	ランドオペレーターの視点からパッケージツアーについて分析・検討
森下（2009）	ハワイを事例に旅行業者のサービスシステムを分析・検討
狩野（2008b）	パッケージツアーについて大手旅行業者の競争戦略の一環として分析・検討
今西（2012b）	日本の旅行業界の概況と変化についてデータと先行研究に基づき検討・分析
今西（2013）	旅行業者の海外進出について分析・検討
髙井（2013）	観光者の成長と旅行サービスとの関係性について分析・検討
吉田（2016）	パッケージツアーを含む旅行業のマーケティング戦略について分析・検討
前田（2015 [1995]）	パッケージツアーについての観光心理学，観光行動論から分析・検討

表 1-3　④ 資料または実態調査に基づき説明した先行研究

先行研究 （著者・発行年）	主な内容・研究対象
内藤（2005）	ホスピタリティの視点からパッケージツアーに含まれる旅行サービスについて説明・整理
小林（2007）	海外旅行市場と旅行ビジネスの展開を説明・整理
小林弘二（2009）	海外旅行市場と旅行ビジネスの展開を説明・整理
竹中（2011）	日本の海外パッケージツアーの展開について説明・整理
鬼澤（2011）	海外パッケージツアーの価格とブランドをめぐる課題について，実務面から説明・整理

パッケージツアーのテーマを「設計構想」に，組み合わされる交通や宿泊，案内などのサービスを「構成要素」に，それぞれ見なすことができると仮定し，航空会社やホテルなどを「部品メーカー」，旅行業者を「組立メーカー」と見立てて分析を進めている点で独自性を有しているといえる．

第2節　各章の概要

本研究の目的を達成するために，各章において次のような研究を行う．

第1項　「第2章　海外パッケージツアーの構造と特徴」の概要

第2章は，パッケージツアーをめぐる先行研究のうち，商品としての構造・構成や特性に関連した研究，分析的に検討した研究，パッケージツアーのイノベーションに関連する先行研究を取り上げ，本研究の分析視点である製品アーキテクチャ論による分析・検討に向けて，パッケージツアーの構造・構成や特性を明らかにすることを目的とする．

パッケージツアーの構造や構成，特性をめぐっては，サービス・マーケティング論の視点から分析する研究，旅行業法の観点から説明あるいは議論する研究，同法の変遷を含めて歴史的に検討する研究，パッケージツアーが観光現象や観光体験に与える影響に関する研究，パッケージツアーの造成を担う企業の組織を分析する研究などがある．

そのうち，パッケージツアーを取引対象ととらえる視点からの研究において，廣岡（2007）は，パッケージツアーについて，「旅行契約」にかかる法的問題という視点と，「旅行商品」としてのサービス・マーケティング論の問題という視点から，顧客が旅行業者に支払う旅行代金により提供を受けるパッケージツアーを単体と見た場合の構成と要素について検討し，さらにその中から「旅行業者の提供するサービス」を取り上げて，その構成と要素，特徴について論じた．

また，実際の旅行業者を対象にした民族誌的調査をもとにした研究では，鈴木（2010）が，旅行業者におけるパッケージツアーの造成，すなわち商品生産の現場を全般的に考察し，その一般的なプロセスを明らかにする議論の一部において，パッケージツアー商品の特徴と旅行業の競争環境，旅行商品造成業務について検討した．

　そして，佐藤 (1997) や津山・太田 (2000) のように，「素材」，「組み立て
メーカー」，「アセンブリー」といった用語を用いながら，パッケージツアーを
工業製品に見立てて，その商品特性や構造・構成を分析した研究がある．航空
会社やホテルなどが提供する旅行サービスがパッケージツアーの構成要素（素
材や部品）であるとすれば，旅行業者はそれらを組み合わせて商品を完成させ
ていることから，航空会社やホテルなどを「部品メーカー」，旅行業を「組立
メーカー」とする見方を示している．これらの研究において，特定の分析の枠
組みが示されていないため，さらなる検討に限界があるものの，また限定的で
あるものの，パッケージツアーを工業製品に見立ててその構造・構成を分析す
る試みがなされている．こうした先行研究の視点は，本研究の関心にもっとも
近いといえる．

　パッケージツアーの商品としての構造・構成と特性を扱う第2章での議論は，
国内旅行と海外旅行の両者に共通する部分もある．しかし，本章第1節第1項
で触れたように，海外旅行のパッケージツアーは，国内旅行のパッケージツ
アーと比べて，パッケージツアーが持つ機能や役割，期待される効果が強化さ
れ，販売の際にそれが強調されていることが想定される．そのため，より研究
対象の特徴を明確にすることができ，また明解な議論が可能になることが期待
できることから，操作的に海外旅行のパッケージツアーを中心的に取り上げる．

　パッケージツアーの構造・構成，特性に関する研究を行う第2章は，パッ
ケージツアーの構造・構成や特性に関する先行研究の検討から構成されている．
第1節では，海外パッケージツアーについて，定義および主な種類について，
先行研究を検討する．第2節では，海外パッケージツアーについて，構造と構
成，旅行業者のサービスとしての「予約・手配」に関する先行研究を検討する．
第3節では，パッケージツアーのイノベーションについて，それらを引き起こ
す特性，旅行業者によるサービスと「統整」，旅行業界内の競争とその環境に
関する先行研究を検討する．

　第2章での海外パッケージツアーの構造・特性の検討にあたっては，研究対象
であるパッケージツアーそのものに関する先行研究，旅行業界全体や特定の旅行業
者に関する先行研究の中で，パッケージツアーについて議論された部分，観光心理
学など観光研究の中でパッケージツアーについて議論された部分を取り上げて検討
する．それぞれ先行研究として取り上げて検討を行い，本研究の研究対象である
パッケージツアーの変遷と商品としての構成と特性について確認する（表1-4）．

表 1-4　第 2 章で検討する主な先行研究

先行研究 （著者・発行年）	検討内容
立教大学観光学部旅行産業研究会（2016）	パッケージツアーの概要
佐々木（2007） 鬼澤（2011） 立教大学観光学部旅行産業研究会（2016）	パッケージツアーの種類
廣岡（2007） 鈴木（2010）	サービス商品としての特性
佐藤（1997） 津山・大田（2000） 狩野（2008b）	総合旅行情報システム商品としてのパッケージツアー
廣岡（2007） 石崎（2008） 鈴木（2010） 鬼澤（2011） 吉田（2011） 竹中（2015） 今西（2016） 吉田（2016）	サプライヤー，ランドオペレーターとの関係からみた パッケージツアーの構造
廣岡（2007）	旅行商品システムにおける旅行業者の機能と役割
廣岡（2007） 小林（2010） 前田（2015 [1995]） 吉田（2016）	パッケージツアーのイノベーションを引き起こす特性
津山・大田（2000） 田中（2011） 今西（2012a） 吉田（2012） 吉田（2016）	旅行業者によるサービスと「統整」
王（2005） 狩野（2008b） 鈴木（2010）	旅行業界内の競争とその環境

第2項　「第3章　製品アーキテクチャのダイナミズム」の概要

　本研究における分析の枠組みである製品アーキテクチャ論を扱う第3章は，主に工業製品の分析に用いられる製品アーキテクチャ論，特にオープン－モジュラー型の構造に関する議論，インテグラル型への回帰に関する議論を中心に必要な理論を抽出し，本研究の分析の視点を明らかにすることを目的とする．

　製品をイノベーションの視点から論じる際に，特に製品・工程の設計情報が持つ構想，すなわち設計思想に着目したのが製品アーキテクチャ論である．すなわち，オープンかクローズか，モジュラーかインテグラルかという視点で，製品や設計（デザイン），部品，そしてそれらを取り扱う組織について議論する際の理論的枠組みである．

　製品アーキテクチャという概念の理論的貢献について，佐伯（2008：154）は次のように指摘した．単に製品の構造と機能の関係性を論じるだけに留まらず，組織設計，事業領域，産業構造といった幅広い分野に応用され，従来のイノベーション研究が技術，企業，市場がそれぞれ単純化された概念（中身はいわばブラックボックス）として扱われ，要素間の相互作用を単線的に捉える傾向が強かったものを，それらの内部構造と関係性とを明らかにしていくことで，要素間の関係性を複線的に捉える分析視角（視点）を提供し，またそれにより，技術，企業，市場の諸関係における動態性が明らかにされた（佐伯，2008：154）．

　また，製品アーキテクチャ論においては，これまで主にオープン－モジュラー型に注目が集まってきた．しかし，柴田・玄場・児玉（2002）や柴田（2008），田中（2009）のような，オープン－モジュラー型の限界についての指摘や，インテグラル型への回帰，モジュラー型とインテグラル型のあいだでイノベーションが繰り返されている，といった指摘がある．

　分析の枠組み「製品アーキテクチャ論」を扱う第3章は，オープン－モジュラー型の限界，インテグラル型への回帰，モジュラー型とインテグラル型のあいだでイノベーションが繰り返されている，といった指摘の先行研究を中心に，本研究の分析の枠組み・分析の視点の提示に必要な議論を取り上げる．イノベーション研究における製品アーキテクチャ論については，その変遷を対象にして抽出した先行研究を検討する．第1節では，製品アーキテクチャ論について，イノベーション研究における位置づけ，モジュール化と製品アーキテクチャ，ビジネス・アーキテクチャに関する理論を検討する．第2節では，製品アーキテクチャのダイナミズム，イノベーションの法則に関する先行研究を検

表 1-5　第 3 章で検討する主な先行研究

先行研究 （著者・発行年）	検討内容
佐伯（2008）	イノベーション研究における製品アーキテクチャ論の位置づけ
藤本（2001） 佐伯（2008）	製品アーキテクチャの分類
青島・武石（2001） 北島（2009a） 北島（2009b）	サービス分野のビジネス・アーキテクチャ
青島・武石（2001） 佐伯（2008）	製品アーキテクチャの相対的優位性
柴田（2008）	イノベーションの法則
柴田（2008） 田中（2009）	インテグラル型への回帰とモジュール分割

　討する．第 3 節では，インテグラル型への回帰とモジュール分割に関する先行研究を検討する．

　第 3 章での本研究における分析の枠組み・分析視点の提示にあたって，表 1-5 のような先行研究の検討を行う．

第 3 項　「第 4 章　日本における海外パッケージツアーの変遷」の概要

　パッケージツアーの変遷を扱う第 4 章は，日本における海外パッケージツアーの変遷，海外パッケージツアーの質的変化，日本人の海外旅行スタイルの変化などを対象に先行研究を検討し，第 5 章におけるイノベーション研究と製品アーキテクチャ論からの分析・検討の対象を抽出することを目的とする．

　第 4 章では，日本の海外パッケージツアーの変遷のうち，特に本研究の目的に沿った事象を中心に取り上げる．また，本研究において，イノベーションの契機を製品アーキテクチャに求めるため，海外パッケージツアーについて，旅行市場の変遷や関連する法律の変遷などに関する先行研究についても検討する．

　日本の旅行業者は，海外旅行をめぐって，手配請負型の受動的業態から，企画旅行商品，すなわちパッケージツアーの造成と販売という，より主体的で能動的業態へ変化してきた（小林弘二，2009：48）．さらに，メディア販売，格安航空券の登場といった大きな変化を経験し，現在ではインターネット販売やソーシャル・ネットワーキング・サービスにおける旅行者との交流といった段階を迎えている．

　現在の海外パッケージツアーの直接のルーツは，1964 年の海外旅行の自由化を契機に開発され発売された旅行商品である．その後，さまざま要因から多くの変化が起き，また改良が行われてきた．そうした事象の中から，大きな変化や影響の大きかったと判断されるものを中心に，インターネットなどの情報通信技術がパッケージツアーをめぐる環境を大きく変える前の期間を対象とした先行研究を抽出し検討する．

　パッケージツアーの変遷を対象とする第 4 章は，日本の海外パッケージツアーの主な変遷について，先行研究を抽出し検討する．第 1 節では，パッケージツアーの誕生と変遷について，黎明期，第 1 次成長期，第 2 次成長期，不安定期の 4 つの時期に分けて検討する．第 2 節では，旅行業者によるサービスの日本化への取り組みについて，海外拠点設置と日本的サービスの提供，関連法の制定と改正について先行研究を検討した．第 3 節では，製品ライフサイクル理論，旅行の個人志向化，「自律的な観光者」について先行研究を検討する．

　海外パッケージツアーの歴史的経緯の検討にあたっては，表 1-6 のような先行研究の検討を行う．

表 1-6　第 4 章で検討する主な先行研究

先行研究 （著者・発行年）	検討内容
井原（2003） 王（2005） 王（2007） 狩野（2008b） 小林（2007） 小林弘二（2009） 森下（2009） 竹中（2011） 立教大学観光学部旅行産業研究会（2016）	海外パッケージツアーの誕生と変遷
井原（2003） 石崎（2008） 狩野（2008b） 鬼澤（2011） 竹中（2011） 今西（2012b） 今西（2013） 吉田（2016）	海外パッケージツアーの質的変化
廣岡（2003） 廣岡（2005b）	関連法の制定・改正と海外パッケージツアー
鈴木（2003）	日本人の旅行スタイルの変化と海外パッケージツアーの変遷
髙井（2013）	「旅行の個人志向化」と「自律的な観光者」

第4項　「第5章　製品アーキテクチャ論から見たパッケージツアーの分析視点と競争の焦点」の概要

　パッケージツアーの製品アーキテクチャを検討する第5章では，第2章，第3章および第4章での先行研究の検討をふまえて，海外パッケージツアーの製品アーキテクチャの変化に着目し考察することを目的としている．また，それが海外パッケージツアーをめぐる企業間，商品間での競争において，どのような影響を与えたのかを検討することを目的としている．

　第5章では，海外パッケージツアーの商品としての構造や特性を対象に，第2章から第4章までで行った先行研究の検討の結果をもとに，製品アーキテクチャ論の視点から議論する．その中で，海外パッケージツアーをめぐって実際に見られる事象のうち，特定の企業や特定の目的地での比較的事例の少ないものや例外的だと思われるものは，本研究の趣旨に沿って模式的に議論するために操作的に捨象する．

　製品アーキテクチャ論について，これまでの観光研究において，その応用について積極的だったとはいえず，本研究が対象とするようなパッケージツアーの分析に用いられることもなかった．パッケージツアーは，旅行業者が企画し販売する商品ではあるものの，それに含まれる移動や滞在，見学・体験などに関わるサービスは，航空や鉄道，ホテルなど，実際にそれらのサービスを生産する別の企業が提供している．こうしたパッケージツアーの構造・構成や商品成立の仕組みを前提にすると，ある設計思想に基づいて，組織の内外から提供される部品を組み合わせて製品を構成している，旅行サービスの提供において分業している，と見なすことができる．そのため，その分析において製品アーキテクチャ論の応用可能性を期待することができる．

　第5章は，第2章から第4章における先行研究の検討に基づいた考察と事例の提示から構成されている．第1節は，パッケージツアーの製品アーキテクチャについて，基本的な構造と商品特性から分析するための視点について考察する．第2節は，海外パッケージツアーの変遷をイノベーションととらえた場合の主体について考察する．第3節は，海外パッケージツアーにおける競争について，製品アーキテクチャ論からその焦点について考察する．

　第2章で検討したパッケージツアーの構造・構成，特性，第4章で検討したパッケージツアーの変遷を対象に，第3章で示した製品アーキテクチャ論の視点からの分析するにあたって，第5章において，表1-7のような先行研究を改

表 1-7　第 5 章で検討する主な先行研究

先行研究 （著者・発行年）	検討内容
藤本（2001） 狩野（2008b） 吉田（2016）	パッケージツアーの構造と特性に関する分析
前田（2015 ［1995］） 藤本（2001） 佐藤（1997） 津山・太田（2000） 青島・武石（2001） 王（2005） 廣岡（2007） 狩野（2008b） 森下（2009） 小林（2010） 鈴木（2010） 鬼澤（2011） 今西（2012b） 今西（2013） 吉田（2016）	製品アーキテクチャからの分析
藤本（2001） 小林（2010）	イノベーションを引き起こすパッケージツアーの特性
佐藤（1997） 津山・太田（2000） 鈴木（2003） 廣岡（2007） 狩野（2008b） 今西（2012b） 今西（2013） 髙井（2013） 吉田（2016）	海外パッケージツアーの変遷とイノベーションの主体
佐藤（1997） 津山・太田（2000） 井原（2003） 井原（2005） 内藤（2005） 柴田（2008） 鈴木（2010） 鬼澤（2011） 吉田（2012） 髙井（2013）	製品アーキテクチャ論から見た競争の焦点と手法
佐藤（1997） 津山・太田（2000） 小林弘二（2009） 髙井（2013）	パッケージツアーによる利便性や確実性が高い旅行，経済性や合理性が高い旅行を目指した旅行サービスの最適化
髙井（2013）	本研究の結論と研究成果

めて検討または参考にした.

　また,事例の分析については,株式会社 JTB およびグループ会社のウェブサイト,株式会社エイチ・アイ・エスのウェブサイト,株式会社日本旅行のウェブサイト,株式会社ワールド航空サービス,株式会社グローバルユースビューローのウェブサイト,株式会社日経 BP のウェブサイト,読売新聞のウェブ記事,をそれぞれ参照した.

第5項　「第6章　パッケージツアー分析の新たな視点と枠組み」の概要

　「全体のまとめ」および結論の提示を行う第6章は,第2章から第5章での先行研究の検討,および考察をふまえ,本研究の目的に沿って結論を提示すること,今後の研究課題を提示することを目的としている.

　第6章では,本研究全体のまとめを行う.第1節では,本研究のまとめを行う.第2節では,本研究の研究成果を踏まえ,製品アーキテクチャ論について,サービス分野からの新たな知見を提示する.第3節は,今後の研究課題を提示する.

　第6章は,パッケージツアーを造成する旅行業の経営戦略の提示について,株式会社 JTB およびグループ会社の報告書,日本航空グループのウェブサイト,株式会社エイチ・アイ・エスのウェブサイトを,それぞれ参照し検討する.また,今後の研究課題については青島・武石（2001）を改めて先行研究として取り上げる.

第3節　本研究で使用する用語および本研究の構成

(1) 本研究で使用する用語

　本研究の研究対象であるパッケージツアーについて，先行研究において国内旅行・海外旅行の区別がない場合は「パッケージツアー」と表記する．特に海外旅行に特化している場合には，「海外パッケージツアー」と表記する．

　次に，先行研究の検討において，「旅行商品」や「パッケージ商品」，「パックツアー」などと記述されていても，実際には（事実上は）本研究が対象とするパッケージツアーを指す場合に，筆者の判断によりパッケージツアーと表記する．また，「旅行会社」や「旅行代理店」「旅行企業」などについては「旅行業者」とし，産業としては「旅行業」，業界としては「旅行業界」とする．

　さらに，交通や宿泊などが提供するサービスを「旅行関連サービス」と表記し，それがパッケージツアーの構成要素となっている場合は「旅行素材」と表記する．また，旅行関連サービスを提供する企業を総称して「サプライヤー」とする．また，パッケージツアーを工業製品に見立てて議論している場合には「素材」と表記する．

　そして，製品アーキテクチャ論の用語のうち「モジュラー化」について，一部の先行研究で「モジュール化」という表現が用いられている．藤本編（2001）や佐伯（2008）などに従い，主に製造業界で認知されている集成度の高い複合部品としての「モジュール」と区別するために，製品アーキテクチャの「インテグラル」の対局に位置付けられる概念を「モジュラー」とする．また，同じく製品アーキテクチャ論に関連する先行研究において，「擦り合わせ」と「擦合わせ」，「組み合わせ」と「組合せ」など送り仮名が異なる表記があるため，本研究ではそれぞれ表記を統一した．

　本研究で使用するパッケージツアー，製品アーキテクチャ論に関する主な専門用語等は表1-8のとおりである．

表1-8　本研究で使用する専門用語等

専門用語等	定義・意味・説明
パッケージツアー	あらかじめ旅行のテーマや内容が決められていて，必要な手配や予約が済んでいるツアーのこと．旅行業者各社がそれぞれの特色を出すことにより，手荷物回送，シャトルバス，添乗員同行，ガイド，特別拝観など，付帯的サービスが豊富である．（立教大学観光学部旅行産業研究会，2016：52）
スケルトン型ツアー	フリープラン型ツアーとも呼ばれ，現地での自由行動を前提としたシンプルな商品である．交通と宿泊という旅行の骨組み（基本構造）という意味でスケルトンと呼ばれる．
フルパッケージ型ツアー	フルペンション型ツアーとも呼ばれ，発地と着地（目的地）のあいだの往復の交通，宿泊，食事，現地での移動手段である観光バス，添乗員，現地ガイドなどが組み合わされる，「至れり尽くせり」の旅行商品．
造成	パッケージツアーを商品として企画し，販売できる状態にすること．
製品アーキテクチャ	どのようにして製品を構成部品や工程に分類し，そこに製品機能を分配し，それによって必要となる備品・工程間のインターフェース（情報やエネルギーを交換する「継ぎ手」の部分）をいかに設計・調整するかに関する基本的な設計構想のこと．（藤本，2001：4）
アーキテクチュラル・イノベーション	製品全体のイノベーションが構成要素自体のイノベーションからだけでなく，構成要素間のつなぎ方のイノベーションによっても発生すること．（佐伯，2008：135-136）
モジュラー型	機能と部品（モジュール）との関係が1対1に近く，明確な形になっていて，各部品は自己完結的な機能があり，非常に独立性の高い機能が与えられている製品．インターフェースが比較的にシンプルで，「寄せ集め設計」でも製品機能が発揮される．（藤本，2001：4-5）
インテグラル型	機能群と部品群との関係が錯綜していて，また逆に1つのモジュールが多くの機能を担っていて，機能と部品が1対1ではなく多対多の関係になっている製品．（藤本，2001：5）
オープン型	基本的にモジュラー製品で，なおかつインターフェースが企業を超えて業界レベルで標準化した製品．（藤本，2001：5-6）
クローズ型	モジュール間のインターフェース設計ルールが基本的に1社内で閉じている．（藤本，2001：6）
並行イノベーション	ユーザー領域とベンダー領域に適切にモジュラー化することによって，ベンダーとユーザーは互いの事情に配慮せず，それぞれ独立に必要な革新を製品システムに加えることができる．ユーザーとベンダーがともにイノベーションにコミットするタイプのイノベーション形態．（柴田，2008：142-144）
SIT	Special Interest Tour の略で，特別の目的を持った，または特定の関心を満たすためのパッケージツアーであり，既存の商品では満足しない旅行者の多様なニーズを吸収するため，また定型化した商品に対する差別化として企画される．（立教大学観光学部旅行産業研究会，2016：36）

サプライヤー	旅行関連サービスを提供する企業
ランドオペレーター	特に海外旅行のパッケージツアーの企画・造成において，現地の旅行素材の予約・手配を担当する旅行業（今西，2016：129；竹中，2015：152）
観光商品	「観光客が自らの観光行動を実現し，完結させるにいたる過程において発生する欲求を満たすために，取引を通じて獲得する便益の束」，「観光客の行動過程は，自らの観光行動を実現し，完結させるために必要な諸便益の連鎖的消費過程」，「観光客の欲求を満足させる便益の束ないし価値のパッケージ」のこと．（東，1996：81-85）
統整	パッケージツアーの各要素が相互に適切に作用するための操作のこと．旅行業者が自ら提供するサービスのひとつである．（廣岡，2007：46-52）
FIT	海外個人旅行，Foreign Independent Tour の略または Free Individual（Independent）Traveler の略
ツールキット	基本的な機能を持つ複数のツールから構成され，使用するツールを自由に選択することで，ユーザーは独自の機能を実現することができる．（柴田，2008：146）
GIT 運賃	GIT は Group Inclusive Tour の略で，パッケージツアーや団体旅行用の団体包括旅行運賃のことで，旅行業者がホテルや送迎，観光などと組み合わせて販売することを条件にした割引運賃である．
バルク運賃	1969 年に発効した制度で，航空会社が旅行業者に一定数の座席をまとめて販売することを前提とした割引運賃のこと（小林弘二，2009：39）．
メディア販売	パッケージツアーについて，新聞雑誌メディアを主な広告媒体としたダイレクト・マーケティングの手法で，リテーラーへの販売手数料を省ける，いわゆるホールセラーによる直販のこと．（竹中，2011：124）
ホールセラー	機能による分類のうち，旅行商品を企画・造成する旅行業者または旅行業者内の組織，大手の旅行業者の一部では，リテーラーと統合されている場合もある（立教大学観光学部旅行産業研究会，2016：177；株式会社 JTB 総研*．
リテーラー	機能による分類のうち，旅行商品を消費者に販売する旅行業者または旅行業者内の組織，大手の旅行業者の一部では，ホールセラーと統合されている場合もある（立教大学観光学部旅行産業研究会，2016：177；株式会社 JTB 総研**
旅行素材	パッケージツアーの構成要素となっている旅行サービス
観光素材	パッケージツアーの構成要素となっている観光資源
製品ライフサイクル理論	製品・サービスを生成した産業は，需要を獲得することで成長し，やがて衰退するという，4 つの段階，すなわち ① 生成期，② 成長期，③ 成熟期，④ 衰退期，をたどるという理論（石井・栗木・嶋口・余田，2013 [2004]：319）．

（注）＊ 株式会社 JTB 総研「観光用語集」ホールセラー，https://www.tourism.jp/tourism-database/glossary/wholesaler/（2019 年 3 月 10 日閲覧）
＊＊ 株式会社 JTB 総研「観光用語集」リテーラー，https://www.tourism.jp/tourism-database/glossary/retailer/（2019 年 3 月 10 日閲覧）

(2) 本研究の構成

本研究は，全体で6章から構成されている．

「第1章　パッケージツアーの構造とその変化を分析する」では，研究の背景と目的，構成，研究方法の提示を行う．「第2章　海外パッケージツアーの構造と特徴」では，パッケージツアーの構造・特性に関する先行研究の検討を行い，本研究の研究対象であるパッケージツアーの変遷と商品としての構成と特性について確認する．「第3章　製品アーキテクチャのダイナミズム」では，本研究における分析の枠組み・分析視点の提示を目的に，製品アーキテクチャ論に関する先行研究の検討を行う．「第4章　日本における海外パッケージツアーの変遷」では，海外パッケージツアーの歴史的経緯に関する先行研究の検討を行う．「第5章　製品アーキテクチャ論から見たパッケージツアーの分析視点と競争の焦点」では，第3章で示した製品アーキテクチャ論の視点から，第2章で検討したパッケージツアーの構造・特性，第4章で検討したパッケージツアーの変遷について分析する．「第6章　パッケージツアー分析の新たな視点と枠組み」では，結論，研究成果，研究課題の提示を行う．

注
1）「造成」とは，パッケージツアーを商品として企画し，販売できる状態にすることである．
2）2005年の旅行業法改正により主催旅行から募集型企画旅行に名称が改められた．
3）津山・大田（2000：69-70）は，ルックJTBの具体的な商品を事例として示し，それらを「定番」と呼んで，パッケージツアーにロングセラー商品があることを指摘している．
4）原文の「This concept of technology therefore extends beyond engineering and manufacturing to encompass a range of marketing, investment, and managerial processes. Innovation refers to a change in one of these technologies.」（Christensen, 1997：xvii）について，玉田監修・伊豆原訳（2001：6）を元に引用した．
5）観光庁「旅行業者取扱額」http://www.mlit.go.jp/kankocho/siryou/toukei/toriatsu-kai.html（2019年2月18日閲覧）
6）JTB「『JTB REPORT 2017 日本人海外旅行のすべて』を発行」https://www.jtbcorp.jp/scripts_hd/image_view.asp?menu=news&id=00001&news_no=2543（2019年2月18日閲覧）
7）JTB総合研究所「海外観光旅行の現状2019」https://www.tourism.jp/wp/wp-content/uploads/2019/06/overseas-trip-2019.pdf（2019年11月23日閲覧）
8）藤本・森下（2011：134）では，「在日航空会社」と記述されているものの，ここでは

「航空会社」と表記する.

9）藤本・森下（2011：134）では，「ツアーオペレーター」と表記しているものの，本研究では「ランドオペレーター」と表記する．これは，石崎（2008：87）による，「ランドオペレーターは，一部でツアーオペレーターと混同されるケースがあり，日本国内で完成品としてパッケージツアーを販売している旅行業者をツアーオペレーター，現地でその手配を行っている旅行業者をランドオペレーターとして区別できる」という指摘に沿ったものである.

10）パッケージツアーの構成要素となっている観光資源は，「観光素材」と表記する.

第2章　海外パッケージツアーの構造と特徴

第1節　パッケージツアーの概要と種類

　本研究の研究対象であるパッケージツアーの概要や特徴，種類などについて，佐藤（1997），津山・太田（2000），野口（2013b），立教大学観光学部旅行産業研究会（2016）をはじめ，関連する先行研究を検討する．

第1項　パッケージツアーの概要と主な特徴
　パッケージツアーをめぐっては，関連する用語のひとつとして「旅行商品」がある．旅行商品には，「旅行業者が取り扱うすべての商品・サービス」という広い意味もあるものの，"旅行商品＝パッケージツアー＝企画旅行"というのが一般的である．従って，本研究においては，パッケージツアーは，旅行商品であり，旅行業法において「募集型企画旅行」とされているものとする．

　パッケージツアーは，あらかじめ旅行のテーマや内容が決められていて，必要な手配や予約が済んでいる．旅行業各社がそれぞれの特色を出すことにより，手荷物回送，シャトルバス，添乗員同行，ガイド，特別拝観など，付帯的サービスが豊富である（立教大学観光学部旅行産業研究会，2016：52）．旅行者は，テーマや内容，予算，日程などの条件を比較・検討し，数多くの商品から選択することができる．

　旅行者から見たパッケージツアーの最大の特徴は，誰もが気軽に参加できる点である．旅行の初心者や特別な興味関心のために旅行する人びとにとって，特に言葉の問題などで緊張する初めての海外旅行も，必要な手配がすべて済んでいれば安心できる．これにより，近場への気晴らしの旅行もますます気軽なものになる．また，価格の面でも魅力がある．旅行業者による大量仕入・大量販売によって，必要な手配を個別にするよりも全体として安くなる場合がある．

これは，大量に商品を扱うことによるコストダウン（いわゆるスケールメリット）と，航空券などに見られる団体割引運賃などの制度の利用によるものである．さらには，個人では手配や訪問が難しい（または手続きが煩雑な）国や地域への旅行や，特殊な場所・施設での観光・見学も，旅行業者が手配することによって可能になる場合がある．こうして，旅行業者がその専門性を発揮することで，旅行者に旅行に関連するサービスを提供している．

そして，立教大学観光学部旅行産業研究会（2016：52）は，販売の効率性という観点から，旅行がパッケージツアーとして「商品化」されていることについて，商品のパンフレットやウェブサイトを通じ，事前にその商品の情報が提示されるので，旅行者にとって選択しやすく，同時に販売サイドにとっても，旅行者にその企画内容を説明しやすいというメリットがある，と指摘している．

第2項　パッケージツアーの種類

パッケージツアーの種類や分類については，その視点や目的によってさまざまなものがある．ここでは本研究での議論に関連の深い「フルパッケージ型」と「スケルトン型」を中心に取り上げる．

(1) フルパッケージ型

フルパッケージ型は，フルペンション型とも呼ばれ，発地と着地（目的地）のあいだの往復の交通，宿泊，食事，現地での移動手段である観光バス，添乗員，現地ガイドなどが組み合わされる，「至れり尽くせり」のパッケージツアーである．初心者や高齢者を中心に人気があり，その商品のテーマに沿って，見所を中心に効率的にめぐることが可能である．その一方で，佐々木（2007：135）によれば，旅行の形態や内容が規格化されているので，参加者の活動が制約される側面もある．

このフルパッケージ型の商品としての特性について，鬼澤（2011：12）は次のように指摘した．代表的なフルパッケージ型ツアーであるヨーロッパのパンフレットを見ると，旅程の特長について多くの説明が割かれており，航空会社，宿泊施設など旅行素材の説明は，代表的なスケルトン型ツアーのハワイ，グアム・サイパンのものに比べると少ない．つまり，パッケージツアーを企画・実施する旅行業者は，単に旅行素材を並べて旅程を組んでいるわけではなく，旅行素材に創意工夫を凝らすことによりツアーを特徴付けている．この旅行素材

に加える創意工夫は，その会社の企画力，商品化力，運営力の発揮によってな
されるものであり，商品ブランドを形成する源泉となっている．例えば，観光
では，その対象がもっともきれいに眺望できる場所や時間を選んだり，移動に
は目先の変わった乗物を利用して，乗物そのものの楽しさを演出したりする．
また，名物料理や旬の料理の提供，人気の美術館の優先入場，ツアーのテーマ
に最適なガイドの選定，スルーガイドや添乗員によるきめ細かい旅程管理によ
る安全や快適性への配慮などさまざまな工夫を凝らしている．このように，創
意工夫の対象である旅行素材が多いフルパッケージ型ツアーは，他社のツアー
や個人の海外旅行（Foreign Independent Tour, FIT）との相違点をアピールしや
すく，それだけブランドを形成しやすいツアーである（鬼澤，2011：12）．

(2) スケルトン型

　スケルトン型は，フリープラン型とも呼ばれ，現地での自由行動を前提とし
たシンプルな商品である．交通と宿泊という旅行の「骨組み（基本構造）」とい
う意味でスケルトンと呼ばれる．往復の交通と宿泊のみの組み合わせが基本で，
海外旅行の場合は空港とホテルのあいだの送迎が組み合わされることが多い．
旅の熟練者や若者を中心に人気があり，費用を低く抑えたい場合や何度も訪れ
たことのある場所への旅行で利用されている．

　スケルトン型ツアーについて，鬼澤（2011：12）は，その代表的な目的地で
あるハワイやグアム・サイパンを事例にして次のように指摘した．スケルトン
型ツアーのパンフレットの内容は，利用するホテルやその客室，航空便といっ
た旅行素材そのものの紹介が中心となっている．スケルトン型ツアーの旅程の
内容は文字どおり「スケルトン（骨格）」であり，旅行業者が発揮すべき創意工
夫の対象である旅行素材が少ない．従って，ツアーとして独自のブランドを形
成しにくい（鬼澤，2011：12）．また，鬼澤（2011：12）は，もうひとつの特徴と
して，ツアーとして提供されているものは，移動と宿泊の手段が主体であり，
旅行者は旅行開始後に自分の意志と行動でスケルトンの隙間を肉付けし，自分
の旅行を完成させることになることから，スケルトン型ツアーは未完成なツ
アーである，と指摘している．

　以上のようなフルパッケージ型とスケルトン型というパッケージツアーの2
つのタイプについて，鬼澤（2011：12）は，次のような比較をしている．

　まず，鬼澤（2011：12）は，ツアーを構成する「旅行素材の量」の違いに着

目し，スケルトン型を「航空便，ホテル，送迎サービス，基本的な観光，毎朝食程度が付いている商品」，フルパッケージ型を「航空便やホテルなどはもとより，ほとんどの旅行素材が付いている商品」と分類した．次に，パッケージツアーの分類について，次のように指摘した（鬼澤，2011：12）．以下の各分類の左辺同士，右辺同士は近似関係にあり，業界ではどれもほぼ同義に使われている．

① ツアー型（団体行動型） ： 個人型（自由行動型）

　参加者全員が決められた旅程に沿って旅行をするものがツアー型（団体行動型）．決められた旅程はなく個人が自分で旅行するのが個人型（自由行動型）．旅行者の意志または行動をもとに分類．

② エスコート型 ： ノンエスコート型

　旅程管理をする添乗員がついているかいないかの違いによる分類．

③ 周遊型（観光型） ： 滞在型（リゾート・街歩き型）

　旅行地を複数めぐるものが周遊型（観光型），あまり移動しないものを滞在型（リゾート・街歩き型）という．観光地の訪問数（行程）を基準に分類．滞在型は一箇所滞在が主流であり，モノデス（モノ・デスティネーション，mono-destination）型ともいう．

　こうした鬼澤（2011：12）による整理をもとに，フルパッケージ型とスケルトン型を見ると（表2-1），基本的な性格として，フルパッケージ型は，ツアー型（団体行動型），エスコート型であり，スケルトン型は個人型（自由行動型），ノンエスコート型であるといえる．傾向として，フルパッケージ型は周遊型（観光型），スケルトン型は滞在型（リゾート・街歩き型）に適しているといえる．また，代表的な目的地（例）としては，フルパッケージ型がヨーロッパ，スケルトン型がハワイ，グアム・サイパン，パンフレットの説明の中心は，フルパッケージ型が旅程の特長，スケルトン型が旅行素材，旅行業者による創意工夫の対象となる旅行素材は，フルパッケージ型が多く，スケルトン型が少ない，ブランド形成や他社との差別化は，フルパッケージ型は容易，スケルトン型は困難である．

　以上の鬼澤（2011：12）の指摘について，パッケージツアーの構造・構成という視点から見ると，パッケージツアーを構成する要素はフルパッケージ型の

表2-1　フルパッケージ型とスケルトン型の比較

形態 分類ポイント	フルパッケージ型	スケルトン型
旅行素材の量	多　い	少ない
旅　　程	ツアー型 （団体行動型）	個人型 （自由行動型）
添　乗　員	エスコート型	ノンエスコート型
行　　動	周遊型（観光型）	滞在型 （リゾート・街歩き型）
代表的な目的地 （例）	ヨーロッパ	ハワイ， グアム・サイパン
パンフレット の説明	旅程の特長	旅行素材
創意工夫の対象	多　い	少ない
ブランド形成 ・差別化	容　易	困　難

（出典）鬼澤（2011：12）を元に筆者作成．

　ほうが多く，また旅行業者による創意工夫の対象もフルパッケージ型のほうが多いことが分かる．
　続いて，本研究での議論に関連するそのほかの種類についても確認しておきたい．

(3) SIT型

　SITとは，Special Interest Tour の略で，特別の目的を持った，または特定の関心を満たすためのパッケージツアーであり，既存の商品では満足しない旅行者の多様なニーズを吸収するため，また定型化した商品に対する差別化として企画される．目的の行動，体験，場所を優先して目的地を選定することが多い（立教大学観光学部旅行産業研究会，2016：36）．教養旅行，グルメツアー，自然探訪，スポーツに加え，近年では，エコツアーやスタディ・ツアーなども含まれる．

第3項　サービス商品としてのパッケージツアーの特性

　鈴木（2010：51）によると，観光研究において，パッケージツアーの特徴，

あるいは広範に観光における商品一般の特徴は，概ね「無形のサービスであること」「他社の提供するサービスの集合であること」とされている．そこで，パッケージツアーについて，サービス商品であることを前提に，その構造・構成を分析した先行研究を検討する．

　廣岡（2007：39）は，パッケージツアーについて，「複数の者によって提供される旅行に関わるサービスがパッケージされているもの」[1]と定義した．廣岡（2007：39）は，その構造・構成について，サービスの特徴である無形性，生産と消費の同時性，顧客との協働生産性を持つため，それ自体サービス商品であるのと同時に，その中には，運送機関，宿泊機関などの独立した事業者の提供するサービス商品，すなわち旅行素材がパッケージされていると指摘した．

　また，廣岡（2007：40）は，パッケージツアーについて，サービス商品の構造の視点から，サービス商品の中核となる機能「コアサービス」，コアサービス以外の副次的なサービス「サブサービス」，定常的な仕事の流れを乱すような攪乱要因に対応するサービス「コンティンジェントサービス」，企業が計画したものではないものではなく，顧客自身が勝手に見つけ出したサービスの効用「潜在的サービス要素」をパッケージしたサービス商品であると指摘した．そのうち，コアサービスは，当該サービスの中核的な機能であるため，顧客が何を目的に旅行するかによりコアサービスは決まり，その旅行で受けようとする主たるサービスであると指摘した．その上で，表2-2のようにそれぞれ具体例を示した（廣岡，2007：41）．

　さらに，廣岡（2007：42-43）は，サービス商品としてのパッケージツアーの特徴について，パッケージツアーというサービスパッケージにおいて，その一部で顧客の評価にマイナスを与えるものが発生すると，他の部分にまったく問題がなくても，マイナスと評価された全体の評価を回復するには，相当の努力が必要であると指摘した[2]．

　そして，廣岡（2007：42-43）は，以上のようなサービス商品としての3つのパッケージツアーの特性をふまえ，サービスパッケージに含まれる旅行素材間の関係について，次のように説明した．パッケージツアーの中で，先の旅行素材A（前の段階のサービス）でマイナスの評価をもった顧客に対しては，次の旅行素材B（次の段階のサービス）においては有害な影響を受けた状態で引き継がれる．そのため，当該旅行素材Bにおいて，想定したサービスに手を加えたサービスを提供する必要がある．しかし，そうした対応の有無にかかわらず，

表 2-2 「旅行商品」パッケージの構成要素
（旅行業者が提供するサービスを中心として）

「旅行商品」パッケージの構成要素例	「旅行商品」サービスパッケージの構成要素区分	当該サービス提供者	当該サービスが提供されなかったときにおける顧客の認識	
			「旅行商品」パッケージとして	「旅行業者としてのサービス」パッケージとして
移動，宿泊場所の提供，食事の提供，観光対象の提供	コアサービス	旅行サービス提供機関	コアサービス	「旅行商品」パッケージとし「旅行業者としてのサービス」パッケージとを区分しない
手配・予約	サブサービス	旅行業者	コアサービス	
価値を高める旅行企画	サブサービス	旅行業者	サブサービス	
「旅行商品」の説明	サブサービス	旅行業者	サブサービス	
旅行の目的地，旅行日程，旅行行程，旅行サービス提供機関の選定等に関する合理的な判断	サブサービス	旅行業者	サブサービス	
サービス提供を受けるために必要な手続き	サブサービス	旅行業者	サブサービス	
円滑な旅行の実施を確保するための指示	サブサービス	旅行業者	サブサービス	
異常事態発生時，事故や病気における対応	コンティンジェントサービス	旅行業者又は旅行サービス提供機関	コンティンジェントサービス	コアサービス又はサブサービス
変更を必要とする場合の代替サービスの手配及びその提供を受けるための手続	コンティンジェントサービス	旅行業者	コンティンジェントサービス	コアサービス又はサブサービス

（出典）廣岡（2007：51）.

旅行全体はマイナスの影響を受けたものに変化する．そして，それぞれの旅行素材（ここではAとB）のオペレーション（経営・運営）は独立しているため，マイナスの状態で引き継いだ旅行素材（ここではB）は，対応の必要性を認識していないことが多く，また，本来，提供する必要のないサービスの提供であるため，引き継いだ旅行素材（B）が認識していたとしても，当該サービスを提供しないことも考えられる（廣岡，2007：42-43）．

　こうしたパッケージツアーのマイナス評価を回復するため，さらには，パッケージツアーというサービスパッケージにおいて，それぞれの旅行素材が相互に適切に作用するためには，何らかの操作が必要になる．そうした操作について，廣岡（2007）は，まとめて整えるという意味で「統整」とした．

　以上のような廣岡（2007）の指摘を元にすると，パッケージツアーについて，他社が提供する旅行サービスの組み合わせであることを前提として，一連の旅行サービスの管理と旅行サービス間の調整がパッケージツアーをめぐる旅行業者の重要な業務であることが分かる．

第2節　パッケージツアーの構造と構成

　第2節では，パッケージツアーについて，商品としての構造・構成に関する先行研究を検討する．また，海外パッケージツアー造成における旅行業者とサプライヤーとの関係についても，先行研究を検討する．さらに，海外パッケージツアーを構成する要素のうち，旅行業者自身が提供する旅行サービスに関する先行研究を検討する．

第1項　総合旅行情報システム商品としてのパッケージツアー

　佐藤（1997：5-6）は，パッケージツアーについて，「旅行に必要なモノの『シェアされた空間』と『シェアされた時間』に関する『モノ情報[3]』の利用権情報の組み合わせと，配列の妙によって旅行目的を達成させるひとつのシナリオ」と定義した．また，佐藤（1997：5-6）は，旅行業の本質について，単なる「モノ情報の化合物」をコト（ソフトウェア）に仕立てることによって利用者の満足を請け負う「コト情報」の提供産業であり，旅行者が利用するさまざまなモノ（ハードウェア）についての情報と同時に，旅行目的を達成するためのコト情報を提供することによって，旅行の進行管理と効果増幅を図っていると指摘

した．その上で，パッケージツアーは「情報の缶詰」であり，旅行業は情報産業であると指摘した．これらの佐藤（1997：5-6）の指摘における「モノ」とは，交通や宿泊，観光における施設や設備を指し，「コト」とは旅程や経験・体験，人的サービスを指している．そして，パッケージツアーでは，旅行目的の達成に向けて，旅行業者がモノとコトに関する情報をめぐって機能と役割を果たしている．

　さらに，佐藤（1997：19-20）は，パッケージツアーの企画と造成・販売において，旅行素材の使用権の組み合わせだけがパッケージツアーではなく，その使用権の行程（手順）通りの行使の結果として，旅行の目的が達成され，その目的遂行の満足感こそがパッケージツアーの価値であること，モノ志向の部品の組み合わせ（パーツ・アッセンブル）ではなく，コト志向の商品造成機能とその商品を通しての新しい旅行の価値の創造が旅行業の存在意義のひとつである，と指摘した．

　似たような視点からの議論に津山・太田（2000）がある．津山・太田（2000：46-47）は，パッケージツアーについて，「旅行者が目的にあった旅行を容易に実現できるよう，旅行業者が主体性をもって情報と人的サービスをアセンブルした総合旅行情報システム商品」と定義した．特に，海外パッケージツアーについて，津山・太田（2000：48-49）は，一般にその構成要素として，図2-1のような6つの「素材」，すなわち，航空座席，ホテルの宿泊，空港とホテル間の送迎，食事，観光，添乗員（あるいは現地ガイド）が含まれると指摘した．

　また，津山・太田（2000：46-47）は，旅行素材の販売方法や組み合わせによって次の3つに分類した（表2-3）．この津山・太田（2000：46-47）による3つの分類を元にすると，旅行業取扱品は手配旅行であり，旅行商品は企画旅行であり，広義の旅行商品はパッケージツアーのうちスケルトン型，狭義の旅行商品はフルパッケージ型であるといえる．

　津山・太田（2000：50-51）は，航空座席，ホテルの宿泊，空港とホテル間の送迎，食事，観光，添乗員（あるいは現地ガイド）の6素材について，「旅行のハードウェア」と呼んだ．そして，津山・太田（2000：50-51）は，それらが旅行業者を介さず購入することも可能なため，旅行業者を通して購入するメリットを「旅行のソフトウェア」と呼んで，パッケージツアーの付加価値であると指摘した．その上で，津山・太田（2000：50-51）は，実際には旅行のハードウェアの利用に関する「情報」をやり取りしていることから，「目に見えるソ

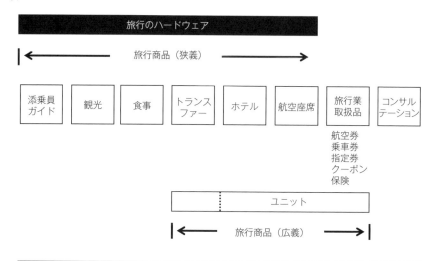

図2-1 「パッケージツアー」の定義（および範囲）

（出典）津山・大田（2000：49）.

表2-3 旅行素材の販売方法や組み合わせによる分類

	構造・構成	商品・サービスの種類
旅行業取扱品	旅行業者で販売する単品商品	手配旅行
広義の旅行商品	6素材のうち航空券，ホテル，トランスファーという3つ以下の組み合わせ	スケルトン型ツアー
狭義の旅行商品	6素材のうち4つ以上の組み合わせ	フルパッケージ型ツアー

（出典）津山・太田（2000：46-47）を元に筆者作成.

フト」（航空座席，ホテル，レストランなど）と「目に見えないソフト」（経営哲学やノウハウなど）をアセンブルしたものがパッケージツアーであるとした．そして，津山・太田（2000：50-51）は，旅行業者が主体性をもって組み合わせ，パンフレットなどの書類によって内容を明示しているものは「総合（旅行）情報サービス[5]」であると指摘した．

　以上のような佐藤（1997），津山・太田（2000）の指摘を元にすると，パッケージツアーが旅行に関連するハードウェアの組み合わせであり，それを適切に結びつけるソフトウェアが存在するという基本的な構造・構成を有していると理解することができる．

第2項　サプライヤー，ランドオペレーターから見た構造

　旅行業者とサプライヤーの関係から見たパッケージツアーの構造について，第1項で取り上げたように，廣岡（2007：39）は，パッケージツアー自体がサービス商品であるのと同時に，運送機関，宿泊機関などの独立した事業者の提供するサービス商品，すなわち旅行素材がパッケージされている，と指摘した．

　同様の指摘として，鬼澤（2011：11）がある．鬼澤（2011：11）によると，パッケージツアーを構成する，航空，鉄道，バス，船などの輸送機関，宿泊施設，観光，送迎，ガイド，食事，ショッピング，添乗員などの旅行素材は，パッケージツアーの部品である．同時に，それらは単独で独立して旅行者に利用されることのできる自立した商品でもある．従って，パッケージツアーは自立した商品を部品として内部に持つ商品といえる．さらに，鬼澤（2011：12-13）は，パッケージツアーにおける構成要素のブランド力について，次のように指摘している．パッケージツアーの場合，部品であるサプライヤー（ホテルや航空会社）のブランドの力を借りて商品化することが一般に行われる．それが可能なのは，各サプライヤー自体が自立した商品であり，それぞれのブランドが旅行者に認知されているためである．しかも，しばしばサプライヤーのほうがより大きなブランド力を持ち，パッケージツアーはその影響を受け易いものになっている．例えば，サプライヤー各社のウェブサイトには，スポット価格や各種プランがリアルタイムにダイレクトに提供されるので，旅行者は容易にそれらを組み合わせたパッケージツアーと比較することができる．従って，パッケージツアーは，他社や類似ツアーだけでなく，構成部品（旅行素材，サプライ

ヤー）そのものとの競争にもさらされている（鬼澤，2011：12-13）．

　また，鈴木（2010：52）は，旅行業者を対象にした民族誌的調査に基づく研究の中で次のように指摘している．パッケージツアーは，他社が提供するサービスの集合であることにその性質が影響を受けている．パッケージツアーにおいて提供されるサービスは，その商品を企画造成する旅行業者に固有のものとは限らず，むしろ交通や宿泊など構造的に重要なサービスは，他社（各サプライヤー）が提供するものである．この特徴によって，各旅行業者が企画造成するツアーの独自性や他社との差別化において，さまざまな困難を与えている．例えば，各社の商品を差別化するのは価格だけという場合も存在する．これは，特許が存在しないパッケージツアーの企画において，商品の模倣は容易であることを意味し，パッケージの中に組み込まれている諸要素（旅行素材）は，それを企画した旅行業者固有ではなく，他社にとっても同様に利用可能なためである（鈴木，2010：52）．

　さらに，特に海外旅行のパッケージツアーの企画・造成において，現地の旅行素材の予約・手配を担当する「ランドオペレーター」について，今西（2016：129）は，次のように説明した．宿泊施設や交通機関などのサプライヤーと交渉して旅行素材のタリフ（料金表）作成と仕入れ，手配を行う企業である（今西，2016：129）．また，竹中（2015：152）によると，その具体的な業務内容として，オプショナルツアーなどの現地発着のツアー手配，コンサートやミュージカル，スポーツ観戦等のチケットの手配やイベント関連の手配がある．これは本来の主たる業務で，現地ではこれに付随する業務が並び，日本に窓口があるところでは，営業や手配に関わる膨大な業務が加わる．さらに，出発後のツアーを安全かつ円滑に運行させるという安全運行管理業務は，特に海外における日本人旅行者の安全を根底から支えるもので，目立たない業務ながら非常に重要である（竹中，2015：152）．

　旅行業者とランドオペレーターの関係について，今西（2016：129）は，現実にはすべての企業が，すべての業務をランドオペレーターに委託しているわけではなく，ランドオペレーションに対する企業の方針は，（a）自社で行う，（b）他社に委託する，（c）自社で行う場合と他社に委託する場合がある（aとbを併用する），の3タイプに分かれると指摘している．さらに，今西（2016：129）は，ランドオペレーターが旅行素材を組み合わせて旅行商品の造成も行うこともあり，また，主にサプライヤーと旅行業者のあいだに立って仲介業を

営むものの，サプライヤーと消費者のあいだに立って仲介役をつとめることも
ある，と指摘しており，後述の石崎（2008：87）の指摘を含めると，海外パッ
ケージツアー造成と催行における旅行業者とランドオペレーターの機能・役割，
両者の関係性が多様であることが分かる．

　ランドオペレーターの組織や形態について，竹中（2015：152）は，国や地域
などの手配エリアの差異，日系か外資かの違い，企業規模の大小，日本におけ
る出先機関の有無，専門テーマ特化型，大手旅行会社のインハウス，旅行業と
の両輪経営型，に分類される，としている．そして，ランドオペレーターの経
営上の特性について，石崎（2008：87）は，次のように指摘した．ランドオペ
レーターの取引先が旅行者ではなく旅行業者であるため，旅行者との接触は
あっても基本的に直接の取引関係にはない．ランドオペレーターは，販売先が
旅行業者に限定されるため，力関係から不利な立場に立たざるを得ず，これに
よって低収益構造と下請け従属的構造がさらに強化・固定化されてきた．その
ため，旅行業界における分業の中で，零細旅行業者同様もしくはそれ以下とい
う底辺に位置する存在に長年甘んじてきた（石崎，2008：87）．

　さらに，吉田（2012：11-12）および吉田（2016：91-99）は，パッケージツアー
について，「システムアップ商品」に見立てて説明した．吉田（2012：11-12）お
よび吉田（2016：91-99）が示したパッケージツアーを分析する視点としての
「システムアップ商品」とは，石井・栗木・嶋口・余田（2013［2004］：308-309）
にヒントを得たものである．石井・栗木・嶋口・余田（2013［2004］：308-309）
によると，「システムアップ商品」とは，テレビ，DVDデッキ，スピーカー
などの個別製品から，それらをシステム化したオーディオ・ビジュアル・シス
テム（AVS）へ，さらにはオーディオ・ビジュアル・コンピューター・システ
ム（AVCS）へというように，複数の製品分野を融合してシステム化を進めて
いくことであり，産業の枠組みがシステムアップすると，蓄積するべき経営資
源や，必要となるマーケティング・ミックスの枠組みが異なってくる．吉田
（2016：92-93）は，この「システムアップ商品」という仕組みについて，旅行商
品を構成する各種のサービスの説明に応用できるとして，次のように指摘した．
例えば，ある観光施設は単独で集客に努めることも可能だが，「システムアッ
プ商品」の構成要素として，旅行業者が造成するパッケージツアーなどの商品
に組み込まれることになれば，より多数の集客を期待することができ，圧倒的
な集客力のある素材を除いては，パッケージツアーに組み込まれること，言い

換えれば旅行業者の流通経路に乗ることは，各素材にとって重大な課題である
と指摘した．また，旅行業者は，単純に旅行目的地の選択を考えるのではなく，
その組み合わせの多様さで特色を出すことができる．また，どのような構成要
素を組み入れるかがパッケージツアーの商品力になるものの，同時にそれはす
ぐに他社に模倣される（吉田，2016：92-93）．

　そして，吉田（2016：92-93）は，この「システムアップ商品」という観点か
ら，それぞれが独自に販売することも可能であるものの，パッケージツアーへ
とシステムアップされていく構成要素として，前述の「旅行素材」と「観光素
材」とに分けて提示した（表2-4）．

　以上のような，鬼澤（2011），鈴木（2010），石崎（2008），吉田（2012），竹中
（2015），今西（2016），吉田（2016）の指摘を元にすると，パッケージツアーに
とって各サプライヤーやランドオペレーターは，必要不可欠な要素であるもの
の，他社にとっても利用可能な資源であるために，常に商品を模倣されてしま

表2-4　旅行素材と観光素材

旅行素材	運輸機関 （航空機，鉄道，路線バス・貸切バス・モノレール，フェリー，ケーブルカー，ロープウェイなど）
	宿泊施設 （旅館，ホテル，国民宿舎，国民休暇村，ペンション，ユースホステル，民宿など）
観光素材	テーマパークなどの観光施設
	寺社仏閣や城などの人文観光資源
	湖，滝，河川，山などの自然観光資源
	祭り，踊り，工芸品，農業・漁業など地域独自の文化
	著名なレストラン，料亭
	動物園・水族館，博物館など
	温泉旅館，共同湯，大規模温泉施設などにおける温泉
	マラソン，トライアスロンなど参加型イベント
	各種体験施設（農業・漁業・林業のほか，陶器，和紙，竹細工など）
	ブランド店，百貨店，土産物店などショッピング施設
	観光ガイド

（出典）吉田（2016：92-93）を元に筆者作成．

うリスクがあること，各サプライヤー自体が競争相手になる可能性があること
が分かる．

第 3 項　旅行商品システムにおける旅行業者の機能と役割

　吉田（2012：11-12）および吉田（2016：91-99）のように，パッケージツアーを
旅行サービスの「システム」とみなした場合，旅行業者とサプライヤーの関係，
サービス商品としての構造，旅行者のサービスに対する認識において，旅行業
者はどのような機能と役割を果たしているのであろうか．

　商品単体としてパッケージツアーを見た場合，廣岡（2007：43）は，「移動」
「宿泊場所の提供」「食事の提供」「観光対象の提供」のいずれも旅行業者が自
らサービスを提供するものではないため，旅行業者の提供するサービスの中で
コアサービスになるものはないと指摘した．また，廣岡（2007：44）は，パッ
ケージツアーにおいて，旅行業者が「契約上」提供するサービスは，旅行サー
ビスの手配と旅程管理であると指摘した．そして，この手配や旅程管理の対象
となる「旅行日程の作成」や「企画」も旅行業者の提供するサービスであり，
旅行業者の提供するサービスは，手配および手配の際に必要となる予約と旅程
管理を含めて，パッケージツアーのそれぞれの要素が相互に適切に作用するた
めのサービスであると指摘した．さらに，廣岡（2007：44）は，パッケージツ
アーにおいて，旅行業者の提供するサービスパッケージのサービス商品の中核
となる機能，すなわちコアサービスは「手配・予約」であると指摘した．それ
によると，もし，「手配・予約」が提供されないと，そのサービスについては
最低許容水準以下になり，満足度はゼロ以下のマイナスになる不満足（ディス
サティスファクション）となるため，「手配・予約」は，パッケージツアー全体か
ら見てもコアサービスである．しかし，手配に関係するサービスは，パッケー
ジツアーの各要素においてはサブサービス（副次的なサービス）であり，運送・
宿泊機関等と同様に「手配・予約」を位置付けると，パッケージツアーの中で
もサブサービスである（廣岡，2007：44）．

　そして，廣岡（2007：46）は，主観的な旅行者の視点からみると，「手配・予
約」は当たり前のサービスであり，「移動」「宿泊場所の提供」「食事の提供」
「観光対象の提供」というパッケージツアーのコアサービスのように明確な認
識がなく，これらのコアサービスが提供されている場合にはサブサービスと認
識し，提供されていない場合にコアサービスと認識を改める性格を有すると指

摘した. 旅行業者は，パッケージツアーにおいては明確にコアサービスを提供しているとは見えないものの，パッケージツアーにおいても隠れたコアサービスを提供し，旅行業法においてはこの隠れたコアサービスが旅行業者のコアサービスである（廣岡 2007：46，51）. こうした特性を検討したのが表 2-5 である.

表2-5　パッケージツアーの構造（構成）

サービスと機能	具体例
コアサービス （サービス商品の中核となる機能）	・　移動 ・　宿泊場所の提供 ・　食事の提供 ・　観光対象の提供（観光施設入場そのものや見世物を示すこと）
サブサービス （コアサービス以外の副次的なサービス）	・　（航空機の移動に伴う）機内食 ・　（宿泊機関における各種）「アメニティ」 ・　サービス提供を受けるために必要な手続き ・　円滑な旅行の実施を確保するための指示
コンティンジェントサービス （定常的な仕事の流れを乱すような攪乱要因に対応するサービス）	・　異常事態発生時，事故や病気における対応 ・　変更を必要とする場合の代替サービスの手配及びその提供を受けるための手続き
潜在的サービス要素 企業が計画したものではないが，顧客自身が勝手に見つけ出したサービスの効用	・　サービス体験の持つ記号的な価値 ・　顧客が個人的な事情を理由に，そのサービスが本来意図している効用とはまったく違った意味を与える場合

（出典）廣岡（2007：46，51）を元に筆者作成.

第3節　パッケージツアーのイノベーションとその環境

　次に，パッケージツアーの特徴について，イノベーションを引き起こすような特性，旅行業自身によるサービス提供としての「統整」，業界内の競争状況について，先行研究を検討する.

第1項　イノベーションを引き起こす特性
　小林（2010：67-70）は，イノベーションを引き起こすパッケージツアーの特性という視点から，パッケージツアーの商品特性について次のように指摘した.

① 非流通性（パッケージツアーは流通しない）
　サービスの生産と消費の同時性をもとにして，旅行業者は旅行中に生産され消費される予定の「経験」を販売することができない.
　そのため，パッケージツアーの販売において，
• 商品から機能価値を切り離して訴求
• パンフレットなどで経験価値を表現
といった手法が開発され利用されてきた.

② 不完全性（パッケージツアーは旅行経験のすべてを提供できない）
　旅行素材の組み合わせとしてのパッケージツアーと，旅行素材以外の旅行中の経験を含む総体である「旅行」とは異なるため，パッケージツアーは旅行中の経験のすべてを商品として提供できない.

③ 限界性（パッケージツアー開発の限界）
　パッケージツアーの開発では，現地における経験まで開発して提供することができず，実際に商品となるのは観光行動中に消費の対象となるものに限られる.

　以上のようなパッケージツアーの特性をふまえ，小林（2010：70）は，観光の経験を便益の消費行動の連続に簡略化し，標準化することが「旅行商品化」であるならば，その商品を購入することが観光の経験のすべてを確約することにはならないと指摘した. また，小林（2010：70-71）は，パッケージツアーが

観光の経験のすべてを提供（確約）していないことについて，観光に関わる体験とサービスを含んだ「観光商品[7]」とパッケージツアーの関係（図2-2）を示しながら，観光は「消費」と「社交」のそれぞれの連続からなる経験であり[8]，「観光商品」のうち，観光の経験自体は流通せず，消費可能な素材のみがパッケージツアーとして取り込まれていると指摘した．

さらに，パッケージツアーは「物理的な設備」（図2-2の「旅行商品（パッケージツアー）」における複数の「旅行素材」）の連続的な消費であり，パッケージツアーがその価格のみに価値があるとしたら，すでにコモディティ化していると指摘した（小林，2010：70-71）．

以上のような議論を踏まえて，小林（2010：71-72）は，次のように指摘した[9]．宿泊や航空券のインターネット販売によって，それらの素材はよりいっそうコモディティ化し，購買行動の利便性が高まり，旅行者からの支持も得られているものの，そこには観光の経験を提供しようという旅行業者側の意図はない．このように旅行者が観光の経験を手に入れようとする際に，パッケージツアーではなく単品を購入する理由は，パッケージツアーの「不完全性」と商品開発の「限界性」に起因する．よって，パッケージツアーのイノベーションには，これらの特性を克服し，価値創出と価値伝達のシステムの検討が必要であり，

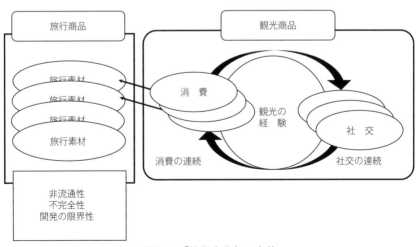

図2-2 「旅行商品」の定義

（出典）小林（2010：71）．

「非流通性」のあるパッケージツアーを流通させることも課題である（小林，2010：71-72）．

　この点について，廣岡（2007：39）は，「旅行業者が提供するという点でみるとすべての要素がパッケージされている訳ではない」と同様の指摘をしている．例えば，パッケージツアーの潜在的サービス要素として「サービス体験の持つ記号的な価値」や「顧客が個人的な事情を理由に，そのサービスが本来意図している効用とはまったく違った意味を与える場合」がある（廣岡，2007：41）．また，前田（2015［1995］：93-94）は，パッケージツアーについて，「商品」と称するに足る基本的条件を持っているものの，販売しているのは商品の"外側（旅程や利用施設条件）"の部分であって，"中身（旅行の快適さや楽しさ）"は販売することはできず，旅行の楽しさは，観光者と利用した施設やサービスとの相互作用によって決まると考えられ，従って商品の"質"も不安定であると指摘している．

　さらに，吉田（2016：59）は，パインⅡ・ギルモア（1999）『経験経済』とシュミット（1999）『経験価値マーケティング』をふまえ，パッケージツアーについて，運輸機関の乗り心地や所要時間，宿泊施設の地理的な便宜性や滞在の際の快適さ，随行する添乗員の仕事ぶり，提供される食事の美味しさなど，機能的特性や便益によって判断できる旅行素材はあるものの，それぞれを経験価値として理解することも可能であり，観光対象などの観光素材も含めて，「トータルとしてその旅行がどれほどの経験価値を与えることができたか」がパッケージツアーの評価につながっていると指摘した．

　小林（2010），廣岡（2007），前田（2015［1995］），吉田（2016）の指摘を元にすると，商品としてのパッケージツアーは観光体験そのものではなく，また，利用者に与えた経験価値でパッケージツアーが評価され，さらに，パッケージツアーの利用を通じた旅行の過程の中で，商品としての品質や評価が変わる不安定な性質を持っていることが分かる．

第2項　旅行業者によるサービスと「統整」

　海外パッケージツアーを構成する旅行素材には，サプライヤーが提供するサービスに加えて，旅行業者自身が提供するサービスがある．

　津山・太田（2000：51-52）は，パッケージツアーの販売・運営において，顧客との接点が2つあると指摘して，次のように説明した．1つは店頭，電話，

手紙などでの社員による接触である．具体的には，見込み客が主にパッケージツアーの購買段階で旅行業者の社員と接する時間のことで，旅の動機付け，説得，購買決定プロセスでの情報伝達である．もう１つは，旅行中の添乗員やガイドによるサービスである．実際には，情報提供や気配り，援助行動などであり，事前期待と事後の評価を大きく分ける要件もこの添乗員のサービスである．パッケージツアーの６素材のいずれも他社の所有物であるのに対して，わずかに添乗員やガイドだけは旅行業者自身が提供できる可能性がある（津山・太田，2000：51-52）．

　この２つの接点について，田中（2011：149）は，旅行者が旅行に対して持つ知覚リスクとその緩和策との関係に関する実証研究を行い，戦略的インプリケーションとして次のように指摘した．添乗員付きツアーを選好する旅行者は，旅行業者に対する信頼や「起こってしまった結果」に対する対応を期待していることが考えられる．リスク緩和策である「決まった旅行業者の担当者」は，リピーターである特定の旅行者に関して，これまでの旅行経歴や個人の特性を把握していることと，旅行者にとっても自分自身のことを十分に理解してくれているという安心感に加えて，旅行先の情報源，つまりリスク緩和の機能として自分自身の特性に応じた情報提供をしてくれるであろうと期待していることが推測できる．さらに，リスク緩和を重視する旅行者は，家族や友人からも情報を収集するということを考慮すると，添乗員付きツアーを選好する旅行者は，「添乗員自体」に加えて「口コミ」を重視したリスク緩和策を講じていることが考えられる．このことから，添乗員付きツアーを選好する旅行者に対して，マーケターは「口コミ」を操作することで「添乗員自体」のリスク緩和の機能に合わせてそれらの知覚リスクを緩和し，旅行者の購買につなげることが可能になる．具体的には，旅行業者のカウンターの担当者は，添乗員付きツアーを希望する旅行者（特にリピーター）に対して，過去の旅行経歴やそれぞれの旅行者の特性に応じた状況として，特に「起こってしまった結果」についてどのような対応が行われるのかについて，より詳細に説明することで添乗員付きツアーを選好する旅行者の全体的なリスクを削減することが可能である．また，添乗員付きツアーのパンフレットにおいても，同様の内容を記載することも検討できる（田中，2011：149）．

　また，今西（2012a：70-71）は，近代の受身的になった旅行者は，旅行業者が効率的で経済的な旅行を提供してくれることを期待しているとして，次のよう

に指摘した．旅行者がパッケージツアーや旅行の提案が目の前に出されるのを待っていることを前提に，旅行業者には，旅行に関する情報を広く深く収集し，その情報・知識を蓄積する力である「情報収集・知識蓄積力」，旅行に高付加価値をつけるために素材を発掘し，それらの活かし方を考案する力である「企画発想力」，旅行素材を組み合わせて，アレンジする力，編成力，造成力，コーディネート力である「素材編成力」，という 3 つのケイパビリティ（能力）が求められる（今西，2012a：70-71）．

　さらに，吉田（2012：12）および吉田（2016：93-99）は，旅行業者が自ら旅行商品に付け加えているものとして，「添乗員のサービス」と「旅行先現地での受入体制」があると指摘した．そのうち，添乗員については，特許に該当するような，旅行商品にとって最大の売りになる可能性もあるとした．また，現地の観光ガイドも有力な構成要素だとした．そして，有能な添乗員であれば，パッケージツアーがコモディティ化するのを防ぐことも可能であるとした．その事例として，吉田（2012：12）および吉田（2016：93-99）は，日本旅行の人気添乗員である平田進也氏[10]を取り上げ，価格は高いがその価格以上の価値や満足を感じてもらえるような「お値打ち感」をもたらすことを「加点主義」とし，加点主義のパッケージツアー造成は，経験価値を重視することでコモディティ化から逃れる方策を示していると指摘した．また，吉田（2016：93-98）は，現在，多くの旅行業者で，契約による専属添乗員や添乗員派遣会社からの派遣添乗員であることも珍しくないことをふまえ，旅行参加者からは旅行業者が提供するサービスと理解されるのが普通であり，現地の観光ガイドについても同様の見方がされる，と指摘した．しかし，むしろ，旅行業者によっては，そのことを商品価値向上の一助としているケースもあると指摘した．

　こうした添乗員について，吉田（2012：14）は，添乗員を有力なパッケージツアーの構成要素と考えて用意するのは，特にヨーロッパのツアーについては珍しいことではないとし，次のように指摘した．海外パッケージツアーの「JAL パック」などでは，かつて添乗員が作ったコースというのもパンフレットに掲げられていた．同じく海外パッケージツアーの「ルック JTB」では，旅行参加者のアンケートで満足度 90％ 以上の添乗員が同行することを謳っている．これは，ヨーロッパ方面のツアーが価格面と量において，同社で重要な位置を占めていることの反映であるほかに，ハワイのような滞在型の旅行目的地では，受入体制のシステム化が完成しているのに比べ，ヨーロッパの移動型

の周遊コースでは，特に添乗員の質が経験価値形成に大きな役割を果たすからである（吉田，2012：14）．

　続いて，吉田（2016：98-99）は，旅行先現地の受け入れ体制自体が旅行商品の構成要素になっていると指摘し，ハワイのパッケージツアーを事例にして次のように説明した．現在，ハワイのパッケージツアーで添乗員を付けないのは，滞在型のデスティネーション（旅行目的地）であり，ハワイにおける受け入れ体制が完成されてきたからである．吉田（2016：98-99）は，具体的な受け入れ体制として，トランスファーと呼ばれる空港とホテル間の移動と，ツアーデスクまたはラウンジと呼ばれる旅行業者から滞在中の案内を受ける場所をあげた．

　以上のような旅行業者によるサービス提供に関する議論の中で，特に今西（2012a：70-71）が指摘した，旅行素材の活かし方を考案する力，旅行素材を組み合わせて，アレンジする力，編成力，造成力，コーディネート力に関連するものとして，廣岡（2007：46-52）の「統整」がある．廣岡（2007：46-52）は，旅行業者によるサービスのひとつとして「統整」を指摘した．この用語は，廣岡（2007）が旅行業の機能と役割を説明するために用いた造語である[11]．

　この「統整」について，廣岡（2007：46-52）は，次のように説明した．「統整」とは，パッケージツアーの各要素が相互に適切に作用するための操作で，旅行業者が自ら提供するサービスのひとつである．また「統整」には，コンティンジェントサービス，サブサービス，パッケージツアーの要素相互の価値を高める旅行企画，パッケージツアーの説明などが含まれる．また，"効果的な「統整」"は旅行業者の重要な役割である．「統整」の結果として「手配・予約」が必要になることが多いものの，「統整」自体は「手配・予約」と同一のものではなく，「手配・予約」が必要な場合でもその関係は特に強い結びつきの関係にあるものにすぎない（廣岡，2007：46-52）．

　さらに，廣岡（2007：46-52）によると，「統整」は，パッケージツアー・システムの要素のひとつではあるものの，「統整」を行うとしてもパッケージツアー・システムの要素は，それぞれ独立したオペレーションを行っているため限界がある．パッケージツアーにおけるコアサービス（例えば交通や宿泊）については，他の要素が「統整」を行ったり，影響を及ぼしたりすることが難しい．

　以上のような津山・太田（2000），田中（2011），今西（2012a），吉田（2012），吉田（2016），廣岡（2007）の指摘を元にすると，パッケージツアーにとって，他社による旅行サービスが構成要素であるのと同時に，旅行業者自身による旅

行サービスも構成要素であり，それらを適切に組み合わせ調整する行為も旅行業者自身によって行われていることが分かる．

第3項　旅行業界内の競争とその環境

　続いて，旅行業界内の競争やその環境がパッケージツアーに与える影響について先行研究を検討する．

　王（2005：78）は，パッケージツアーについて，「もの」ではなく「サービスの組み合わせ」であるため，目に見えない「商品」であり，従って商品差別のアピールが難しく，必然的に価格競争に走りやすいと指摘した．また，価格が下がれば客数は増え，表面上の数字は拡大し，収益性は悪くなるという悪循環が旅行業界で明らかに存在している，と指摘した．

　狩野（2008b：55-56）は，パッケージツアーの価格設定について，業界トップの旅行業者が価格を発表し，各社がそれを見てそれぞれも価格設定するという暗黙の慣行があったものの，価格競争が激しくなるにつれて従来の暗黙の棲み分けのようなものが崩れた，と指摘した．

　鈴木（2010：52-55）は，旅行業の競争環境について，次のように指摘した．旅行業は基本的な設備投資が比較的少なくて済むことから，新規参入が容易で，実際に多数の業者が市場に存在している．サプライヤーも直接顧客に商品を販売することが可能で，旅行業にとって競争相手となりうるため，彼らに対する交渉力も決して高くない．

　鈴木（2010：52-55）が指摘した旅行業界の競争環境のうち，参入障壁について，狩野（2008b：54-55）は，次のような理由から総じてそれが低い産業であると指摘した．

① 仕入れに関しては「規模の経済」の原理が働くものの，それを提携販売により他の業者から仕入れることは可能である．仕入先を変更するためのコストというものはほとんど考えない．
② 同様の理由で，流通チャネルの確保も，他産業に比べて容易といえる．
③ 製品の差別化という意味では，大手の企画商品は（中略）ブランド化がなされ，それなりの信頼を得てはいる．しかし，これも提携販売により他社商品の取り扱いは可能であるし，パンフレット等の媒体により可視化されているため，製品の同質化が図られやすい．

④ 旅行者保護の観点に立つ旅行業法により，政府による参入規制が行われているものの，クリアしにくいほどの条件ではない．

⑤「電話1本机1つから」といわれるように，開業のための資金もそれほど必要とはしない．

　製造業の場合「参入障壁」となる「製品の差別化」について，鈴木（2010：53-55）は，パッケージツアーの場合は，特許などをともなう「独自の製品開発技術」に類するものが存在しないと指摘した．鈴木（2010：53-55）によると，個々の商品は複雑な技術の組み合わせではなく，パッケージツアーを組み立てる作業そのものは特別な技術は不要で，誰でも最低限のコツさえ覚えれば可能である．実際に，海外個人旅行（FIT）であれば，多くの旅行者は，自ら交通手段や宿泊施設を組み合わせて，オリジナルのパッケージツアーを企画している．より一般的な製造業と比較しても，「商品開発」のための技術は，一部の大手企業に独占的に所有されるものとはなっていない．小規模の企業であっても，大企業と同様の商品を造成することができ，さらには大手にはない新たな形態の商品を企画することも可能である（鈴木，2010：53-55）．また，鈴木（2010：53-55）によれば，一部の大手企業が有している流通チャネルやブランドイメージは，新規参入の企業がすぐに模倣できるものではない．しかし，商品の中身として，同じ航空会社やホテルを利用するパッケージツアーであれば，旅行者はブランドの有無ではなく値段の安い商品のほうに魅力を感じることも少なくない．このように，価格が商品を差別化する上で有力な指標になる一方で，商品そのものが他社に対する優位をつくりだす資源となることは，多くの製造業に比べて旅行業者では困難である．そういった意味で，旅行業界は，商品がその内容よりも価格によって評価されるような，いわゆる「コモディティ化」が進行する業界であるといえる（鈴木，2010：53-55）．

　王（2005），狩野（2008b），鈴木（2010）の指摘を元にすると，パッケージツアーの構造・構成の特性上，また各サプライヤーとの関係性を含む旅行産業の特性上，価格競争やコモディティ化に陥りやすい傾向を有していることが分かる．

注

1) 廣岡（2007：39）は，旅行業者も含めて「複数の者」とした上で，そこから旅行業者の提供するサービスを取り出して議論するとした．

2) 廣岡（2007：42-43）の指摘は，Laws（1991）および Normann（1984）におけるサービス・マーケティングの理論に基づいている．

3) ここでの「モノ」とは，佐藤（1997：5）がパッケージツアーを構成する要素のうち，ホテル客室や航空座席のようなハードウェアのことを指す．また「コト」とは，旅行体験・旅行経験を指すものと思われる．

4) 津山・太田（2000：48-49）では，「空港とホテル間の往復の交通（トランスファー）」と表記されている．本研究における表記の統一のために「空港とホテル間の送迎」とした．

5) パッケージツアーと「情報」の関連性について，狩野（2008b：62-63）は，旅行業界が他産業，特に製造業と比べて流通経路が複雑なっているためだと指摘した．そして，狩野（2008b：62-63）は，その流通経路が複雑になる要因のひとつとして，次のように指摘した．旅行業界が輸送業者や宿泊業者の提供するサービスを仲介し，組み合わせることによりサービスの商品を作っていることにある．実際にモノを移動させるのではなく，情報の伝達によって商品が販売されるため，簡単に取引が成立し，流通経路の複雑化を促している（狩野，2008b：62-63）．

6) この点について，廣岡（2007：46）は，明らかに「手配・予約」がコアサービスと認識できなくても，「サービスが提供されない」と認めることを通じて認識を改める，と補足している．

7) 小林（2010：68-69）では，観光商品について，東（1996：81-85）による「観光客が自らの観光行動を実現し，完結させるにいたる過程において発生する欲求を満たすために，取引を通じて獲得する便益の束」，「観光客の行動過程は，自らの観光行動を実現し，完結させるために必要な諸便益の連鎖的消費過程」，「観光客の欲求を満足させる便益の束ないし価値のパッケージである．それは，旅行商品であれ観光地であれ観光客の欲する諸便益がある様式において結合したもの」という説明をふまえ，旅行商品も含んだ観光商品が「便益の束」であり，観光が消費の連続的な行為であるとしている．旅行商品を消費される素材の連続とし，素材の組み合わせ（アセンブリ）を旅行会社が行い，消費者に提供する，という発想がみてとれる．それが消費者の便益であり商品の価値であると説明している．

8) 乾（2008）が旅行中における対価を伴わないで経験するサービスを「社交」と呼んだことを踏まえている．小林（2010：71-72）によると，対価を伴う消費行動と区別され，「社交」は旅行商品には含まれない．

9) 本研究は，インターネットをはじめとした ICT の発達と旅行分野での普及以降の状況は対象としないものの，ここでの「宿泊や航空券のインターネット販売」について，宿泊や航空券のバラ売りやサプライヤーによる直接販売と共通した傾向を指摘していると考えられるため，研究目的に関連する議論として検討した．

10）平田氏については，自身による著作である平田（2004），平田（2008），平田（2015）
がある．

11）実際には，旅行業者以外でも「統整」に準ずる行為が可能であり，旅行者に対して，
航空会社が旅行全体に関係する情報を与ること，宿泊施設がタクシーや飲食店を紹
介・手配することがある．

第3章　製品アーキテクチャのダイナミズム

　第2章で先行研究を抽出し検討したように，パッケージツアーについて，工業製品のように見なして議論することが可能であるとすれば，商品としての構造・構成やその変化に関する分析において，工業製品の分析に用いられる理論を応用できる可能性がある．パッケージツアーの変遷の中には，フルパッケージ型とスケルトン型といった商品構造についての違いもあり，工業製品の分析に用いられる理論のうち，特に製品構造を対象にしたものの応用が可能であると考えられる．それが第3章において先行研究を抽出し検討する「製品アーキテクチャ論」である．

　本研究では，パッケージツアーのテーマを「設計構想」に，組み込まれる交通や宿泊，案内などのサービスを「部品」に，それぞれ見なすことができると仮定し，パッケージツアーを対象とした学術研究において，工業製品のように製品アーキテクチャ論からの議論が可能ではないかと考えた．そこで，分析の視点として，製品全体のイノベーションが構成要素自体のイノベーションからだけでなく，構成要素間のつなぎ方のイノベーションによっても発生するという「アーキテクチュラル・イノベーション」について，先行研究を抽出し検討する．

第1節　製品アーキテクチャ論

　まず，本研究の分析の枠組みである「製品アーキテクチャ論」について，先行研究を検討する．特に，製品アーキテクチャ論について，その概念や先行研究の整理，研究課題の提示を行っている，藤本 (2001：3-26)，青島・武石 (2001：27-70)，佐伯 (2008)，柴田 (2008：20-44，46-57)，田路 (2008 [2005]：7-23，61-66，119-135) を中心に検討する．

第1項　イノベーション研究における製品アーキテクチャ論の位置付け

　佐伯（2008）は，イノベーション研究における製品アーキテクチャ論の位置付けについて次のように指摘した.

　佐伯（2008：134）によると，従来のイノベーション研究では，Abernathy and Utterback（1978），Utterback（1994）など，技術進歩のありようが製品ライフサイクルによって変化するとされてきた. 製品が市場に投入された当初は，さまざまな製品上の改良が試みられ「製品イノベーション」が加速するものの，いったん「支配的デザイン」（dominant design）が確立すると，徐々に製品のイノベーションの余地が少なくなり，それに替わって生産コスト上のメリットを追求するため「工程イノベーション」が主となる，というものである. そして，支配的地位にある企業が継続的に生産性改善の投資を行い，その地位をより堅固なものにするほど，新しい製品に対してのイノベーションに着手することがますます困難になってしまう事象があり，これは，「生産性のジレンマ」（productivity dilemma）と呼ばれる（佐伯, 2008：134）.

　佐伯（2008：134-135）によると，組織の変質とともに，製品と工程がともにイノベーションの余地が限界に近づくことは，製品が「コモディティ化」することを意味するため，製品がコモディティ化したあとに新たなイノベーションを起こす必要性が主張されてきた. 企業や産業を活性化させるイノベーションは，時として破壊的な影響力を持つ. そのため，もっぱら技術の進歩とは，「漸進的（incremental）」か「急進的（radical）」か，「持続的（sustaining）」か「破壊的（disruptive）」か，という二分法によって議論されてきた. その過程で，さまざまな分析視点からイノベーション研究が行われてきた（佐伯, 2008：134-135）.

　さらに，佐伯（2008：135-136）は，構成要素と製品全体の関係に関する議論について次のように指摘した. 技術の変化を中心としたイノベーション研究は，主に製品全体の付加価値の総和を対象としていて，実際の製品に見られる階層化された構造や，構成要素間の関係性における技術進歩については十分に反映されてこなかった. また，こうした構成要素間の関係性などが製品全体の差別化に影響を与えることが指摘されるようになる.

　そこで，佐伯（2008：135-136）によれば，製品全体のイノベーションが構成要素自体のイノベーションからだけでなく，構成要素間のつなぎ方のイノベーションによっても発生することが指摘され，製品アーキテクチャに関する議論

		コアコンセプトの知識変化 (パフォーマンスとしての機能特性の変化)	
		強化	まったく別のものに取り替え
構成要素間の連結の変化 （相互依存性の変化）	不変	インクリメンタル・ イノベーション	モジュラー・ イノベーション
	変化	アーキテクチュラル・ イノベーション	ラディカル・ イノベーション

図 3-1　イノベーションのフレームワーク

(注) 丸括弧内は田路 (2008 [2005]：62) による加筆.
(出典) Henderson and Clark (1990：12).

につながっていった. この「アーキテクチュラル・イノベーション」(図 3-1)
では，アーキテクチャを変化させることで，構成要素に対する強力な開発能力
を有する支配的な企業に挑戦が可能になるとされる (佐伯, 2008：135-136).

　以上のような，イノベーション研究における製品アーキテクチャ論について，
本研究で必要な視点として整理すると次のようになる.

- イノベーションでは，技術進歩のありようが製品ライフサイクルによって変
  化する.
- コモディティ化後のイノベーションには，持続的と破壊的，漸進的と急進的
  といった二分法がある.
- イノベーションには，製品の構成要素自体のイノベーションと，構成要素間
  のつなぎ方のイノベーションがある.
- 製品全体のイノベーションは，製品の構成要素自体のイノベーションのみな
  らず，構成要素間のつなぎ方のイノベーションからも発生する.

第 2 項　製品アーキテクチャの分類

　ここで改めて，製品アーキテクチャの定義を確認し，関連する理論について，
先行研究を抽出し検討する.

　まず，本研究が理論の枠組みとして取り上げる「アーキテクチャ」とは，藤
本 (2001：4) によると，どのようにして製品を構成部品や工程に分類し，そこ

に製品機能を分配し，それによって必要となる備品・工程間のインターフェース（情報やエネルギーを交換する「継ぎ手」の部分）をいかに設計・調整するかに関する基本的な設計構想のことである．

また，代表的なアーキテクチャの分類法としては，モジュラー型とインテグラル型という軸と，オープン型とクローズ型という軸がある（藤本，2001：4-7，佐伯，2008：136-140）．

(1) モジュラー型

藤本（2001：4-5）によると，モジュラー型の製品は，機能と部品（モジュール）との関係が1対1に近く，明確な形になっていて，各部品は自己完結的な機能があり，非常に独立性の高い機能が与えられている．インターフェースが比較的にシンプルで，「寄せ集め設計」でも製品機能が発揮される．各モジュール（部品）の設計者は，インターフェースの設計ルールについて事前の知識があれば，他の部品の設計をあまり気にせず独自の設計が可能である．モジュラー型は，部品間の「擦り合わせ」の省略により，「組み合わせの妙」による製品展開が可能である（藤本，2001：4-5）．

(2) インテグラル型

藤本（2001：5）によると，インテグラル型の製品は，機能群と部品群との関係が錯綜していて，また逆に1つのモジュールが多くの機能を担っていて，機能と部品が1対1ではなく多対多の関係になっている．各モジュール（部品）の設計においては，互いに設計の微調整を行い，相互に密接な連携を取る必要がある．インテグラル型は，「擦り合わせの妙」で製品の完成を競う．典型的な例としての自動車は，その乗り心地の良さを達成するための特定の部品はなく，すべての部品が相互に微妙に調整し合ってトータル・システムとしての力を出していて，逆に1つのモジュールが多くの機能を担っており，例えばボディは安全性，居住性，デザイン性，空力特性など，複合的な機能を持っている（藤本，2001：5）．

(3) オープン型

藤本（2001：5-6）によると，オープン型の製品は，基本的にモジュラー型の製品で，なおかつインターフェースが企業を超えて業界レベルで標準化した製

品である．企業を超えた「寄せ集め設計」が可能であり，素性の良い部品であれば，複雑な「擦り合わせ」をしなくても，機能性の高い製品を生み出すことができる．

(4) クローズ型

藤本（2001：6）によると，クローズ型の製品は，モジュール間のインターフェース設計ルールが基本的に1社内で閉じているものである．

　以上の分類の軸を表した図3-2の2×2のマトリックスから，3つのアーキテクチャのタイプが導き出される（藤本，2001：6）．「クローズ－インテグラル型」（左上），「クローズ－モジュラー型」（右上），そして「オープン－モジュラー型」（右下）である．
　以上の4分類を元にした2つの軸によって製品アーキテクチャの分析が可能であるものの，藤本（2001：7）は，その製品がモジュラー的であるかインテグラル的であるかは，どのレベルの部品であるのかによって異なるとして，次のように指摘した．そのうちモジュラー型は，少なくとも製品機能・製品構造ヒエラルキーの比較的上位の1階層で強いモジュラー性が現れる製品である．また，ここの部品のモジュラー性は一様ではない可能性があり，製品が全体としてモジュラー型であるかインテグラル型であるか，オープン型かクローズ型か

	インテグラル	モジュラー
クローズ	クローズ－インテグラル型 ・自動車 ・オートバイ ・小型家電	クローズ－モジュラー型 ・汎用コンピュータ ・工作機械 ・レゴ（おもちゃ）
オープン		オープン－モジュラー型 ・パソコン ・パッケージソフト ・自転車

図3-2　アーキテクチャの分類

（出典）藤本（2001：6）に筆者がタイプ名を追記.

は，必ずしも明確にできるわけではない（藤本，2001：7）．

　また，藤本（2001：7-9，13-14）は，アーキテクチャ上の分類は，同じ自動車でも，セダン系乗用車は典型的なインテグラル型であり，トラック系はややモジュラー寄りであるように，既存の産業分類や形態上の類似性とは必ずしも一致しないと指摘している．さらに，事例として，オートバイはクローズ型，自転車はオープン型に寄っているとし，オートバイが全体のデザイン的なまとまりや機能的バランスを考え，それぞれの備品を特定のモデルに合わせ，また部品相互間の関係を微妙に調整しながら設計していく必要があるのに対して，自転車はそれぞれの部品間のインターフェースが標準化していて，寄せ集め的に製品を作ることができ，つまり，いろいろな会社で作った部品を組み合わせても，まともな自転車ができるとした．さらに，自転車の場合，少なくとも理論的には，自転車はバーチャル・カンパニーでもビジネスが可能で，汎用部品を寄せ集めるという意味ではパソコン的である（藤本，2001：7-9，13-14）．

第3項　サービス分野のビジネス・アーキテクチャ

　青島・武石（2001：30-31）は，「ビジネス・アーキテクチャ」という概念を提示し，ビジネス・プロセスは，内部にさまざまな活動要素を内包しているひとつのシステムと考えることができ，このシステムの性質は活動要素間の相互作用（相互依存性もしくは関係性）のあり方のパターンで規定される，と指摘した．また，ビジネス・プロセスが製品やサービスの開発，生産，販売・サービスから構成されているため，ビジネス・アーキテクチャは，製品アーキテクチャ，生産（工程）アーキテクチャ，流通－サービス・アーキテクチャとそれらの相互関係によって規定されると指摘した．

　その上で，青島・武石（2001：31-33）は，アーキテクチャの戦略性について，アーキテクチャは，企業自身が戦略的に規定する余地があり，企業にとって製品アーキテクチャ，工程アーキテクチャ，流通－サービス・アーキテクチャ，そして，それらの相互関係を含むビジネス・アーキテクチャをどのように規定するかという「戦略的認識」が重要であると指摘した．また，青島・武石（2001：31-33）は，その「戦略的認識」を確立するために，① 技術の流れ，② 市場の流れ，③ 組織の現状，の3点の把握が必要だとして，次のように指摘した．① の技術変化については，ビジネス・プロセス内部の活動間での新しい相互依存関係の可能性を開く．② のどのような市場ニーズをターゲットに

するかについては，市場にどのようなニーズを見出すかによって，重要となる
活動相互間の関係性は異なってくる．その意味で，ビジネス・アーキテクチャ
とは，顧客の市場ニーズのパターンによって濃淡をつけられた，活動間の相互
作用に関する認識マップである．③の組織における既存の分業と協働の体系
については，どのような相互作用のパターンと馴染みやすいのかといったこと
がアーキテクチャを規定する上で影響する（青島・武石，2001：31-33）．そして，
青島・武石（2001：31-33）は，新しい付加価値は，従来つながっていたものを
分割したり，従来切り離されていたものを統合したりすることによって生まれ，
技術や市場，組織の流れを参考にして，そうした分割や統合の可能性がどこに
あるのか，それを認識することがビジネス構造の把握につながり，付加価値の
生み出せるビジネスモデルの構築を可能にすると指摘した．

　次に，青島・武石（2001：33-34）は，アーキテクチャを把握する視点につい
て，アーキテクチャという概念を使用するのは，ビジネスに関わるすべての現
象をシステムとして理解し，構成要素間の相互依存関係のパターンとして把握
する能力が必要であると考えるためと指摘した．そして，実際に把握する方法
として，次のような2つの視点を示した．

　まずは，モジュラー化／統合化という視点である（青島・武石，2001：33）．モ
ジュラー化とは，システムを構成する要素間の相互関係に見られる濃淡を認識
して，相対的に相互関係を無視できる部分をルール化されたインターフェース
で連結する戦略である．その結果，システムは，相対的に独立な構成要素群
（モジュール）の集合体として認識される．他方で，統合化とは，逆に要素間の
複雑な相互関係を積極的に許容し，相互関係を自由に解放して，継続的な相互
調整に任せる戦略である．その結果，システムは，構成要素が複雑に関連した
モノとして認識される（青島・武石，2001：33）．

　次に，オープン化／クローズ化という視点である（青島・武石，2001：33）．こ
の視点は，システムの性質に関する社会的コンセンサスの程度を示すものであ
る．オープン化とは，システムの構築，改善，維持に必要される情報が公開さ
れ，社会的に共有・受容される動きのことである．その結果，多くの人びとが
システムの開発や改善に参加可能になる．クローズ化とは，そうした情報の社
会的な共有・需要が制限される動きを指す．

　なお，青島・武石（2001：33-34）によると，モジュラー化を進める上で，構
成要素群をつなぎ合わせるインターフェース部分に，可能な限り単純なルール

を設定するため，インターフェースに関する情報を公開し社会的に共有させることが相対的に容易になる．その意味で，モジュラー化はオープン化を促進する傾向にある．しかし，モジュラー化とオープン化が常に連動するわけではなく，モジュラー化／統合化とオープン化／クローズ化は，アーキテクチャを把握する上での独立した次元として扱うのが適当である（青島・武石，2001：33-34）．

　このうち，システムのオープン化について，青島・武石（2001：58-60）は，システムのオープン化の程度とは，システムに関する情報が社会的に共有される程度であるとし，誰に対してオープンなのか，システムのどの部分もしくはどのレベルがオープンになっているのかによって，アーキテクチャのあり方が異なり，その経済的なインプリケーションも異なると指摘した．それによると，誰に対してオープンなのかという点については，①同じシステムを生産する同業者に対してオープンになっている，②システムの補完財を開発・生産するヒトに対して情報が公開される，③ユーザーによってシステムの情報が共有される，といった方向がある（青島・武石，2001：58-60）．

　こうしたビジネス・アーキテクチャをめぐって，北島（2009a）および北島（2009b）は，流通企業を含む，サービスの領域に製品アーキテクチャ論の議論を応用した場合，従来の製品アーキテクチャの分類では存在しないとされている「オープン－インテグラル型」のアーキテクチャが存在することについて，それぞれ百貨店とショッピングセンター（北島，2009a）とフランチャイズ・システム（北島，2009b）を事例に指摘している．藤本（2002：5）は，図3-2に関連して，「オープン－インテグラル型」（左下のセル）がタイプとして存在するか否かについて，オープン型をモジュラー型の一種と定義しているため，「オープン－インテグラル型」は論理的に存在しないとした．ただし，「オープン型」の定義次第では，このタイプもあり得るとも指摘している（藤本，2002：5）．

　北島（2009a）によると，百貨店，あるいはショッピングセンター（以下SCと表記）は，ともに外部の経営資源に深く依存し，特に重大かつ中心的な業務である「販売」がサブシステム化されている．同時に，「販売」という業務を複数の顧客企業に提供しているアウトソーシング企業，テナント，ブランドとの分業によって成立している．工業製品が生産に先立ってサブシステム間の調整が事前に終了しているのに対して，流通分野の場合，他社から提供される製品，ブランド，テナントは，モジュール化されていて入れ替えが容易であるものの，実際の現状に合わせて「事後」の交渉・調整が多く行われている（北島，

2009a：98-99).

　北島（2009a：100-103）は，以上のような視点から，百貨店，SC，総合スーパー（General Merchandise Store，以下 GMS と表記）の戦略の違いを説明した（図3-3）．それによると，GMS は，百貨店や SC と比べて相対的に分業を行う部分が少なく，店舗の設置・運営と販売が分けられていないため，モジュール間のインターフェースが1社内で閉じている上に，自社内で店舗の出店，品揃え，仕入れ，販売までを行い，その中で膨大な擦り合わせを行っている点で「インテグラル型」のアーキテクチャであるといえる（北島，2009a：100）．それに対して百貨店と SC は，ともに店舗の設置・運営と販売が分けられていて，テナントというサブシステムについては，短時間での入れ替えが可能などの点から，インターフェースがオープンになっているといえる（北島，2009a：100）．ただし，両者は，調整の方法の点で異なっている．SC は，個別店舗間での相互の調整は行われないため，オープン－モジュラー型のアーキテクチャであるのに対して，百貨店は，いったん外部のテナントや自社直営売り場などを組み合わせて店舗を設計した上で，事後に状況に合わせて調整を行うことから，「オープン－インテグラル型」のアーキテクチャであるといえる（北島，2009a：100-101）．

　こうした「オープン－インテグラル型」のアーキテクチャの戦略について，北島（2009a：102）は，次のように説明した．あえて細かな調整を行わず，調整

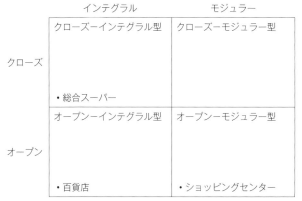

図 3-3　流通業のビジネス・アーキテクチャの分類

（出典）藤本（2001：6），北島（2009a：98-103）を元に筆者作成.

に要するコストを節約することでコスト面の優位を追求しシェアを高め，そうした市場の状況が確立しつつある時に持続的な競争優位が生まれる．しかし，これは，先行者利益を得られる一部の企業だけが採用できる戦略であり，他社にとって模倣不可能な別の資源の存在の上に成立している．そうした資源がない場合，競合他社も同じ優れたアウトソーシング先を採用することで戦略を模倣することが可能になる．こうした「アウトソーシングのジレンマ」を回避するためには，オープンな取引先を積極的にコントロールし，自社に有利に調整する，他社にとって模倣の難しい能力の構築が必要である．北島（2009a：102）は，「オープン－インテグラル戦略」を「単なるオープン・インターフェースではなく，事後的に調整する能力」と定義し，その確立がなければ模倣の可能性に対応できず，競争優位も得られないと指摘した．

第2節　製品アーキテクチャのダイナミズム

製品アーキテクチャ論では，これまで主にオープン－モジュラー型に注目が集まってきた．第2節では，オープン－モジュラー型の限界，インテグラル型への回帰，モジュラー型とインテグラル型のあいだで繰り返されるイノベーションに関する先行研究の検討を行う．

第1項　製品アーキテクチャの相対的優位性の変化

佐伯（2008：154）は，製品アーキテクチャの概念について次のように説明した．製品アーキテクチャの概念は，単に製品の構造と機能の関係性を議論する際に加えて，組織設計，事業領域，産業構造といった幅広い分野に応用されてきた．その理論的貢献は，従来のイノベーション研究が技術，企業，市場がそれぞれ単純化された概念として扱われ，要素間の相互作用を単線的に捉える傾向が強かったのに対して，それらの内部構造と関係性とを明らかにしていくことで，要素間の関係性を複線的に捉える分析視点を提供したことにある．またそれにより，技術，企業，市場の諸関係における動態性が明らかにされた（佐伯，2008：154）．

その上で，佐伯（2008：155）は，市場投入スピードと製品戦略の関係性を説明するのに，製品アーキテクチャの概念が適しているとして，次のように説明した．製品に対する要求水準と市場投入までの所用時間との関係から，製品

アーキテクチャはインテグラルかモジュラーかの選択がなされる．モジュラー化は，事前の設計によって短期間で一定水準のパフォーマンスを達成できる利点がある．一定水準獲得後は，インターフェースの許容水準が制約となるため，インターフェース自身の設計を見直さない限り劇的なパフォーマンス向上は見込めない．対照的にインテグラル化（統合化）は，時間・資源をかけるほどパフォーマンスが向上する．しかし，多くが構成要素間の最適設計であるため，市場投入スピードは相対的に遅くなる．

　こうした製品アーキテクチャにおけるアーキテクチャの選択や優位性について，青島・武石（2001：45-51）は，それが時代とともにダイナミックに変化していると指摘し，インテグラル化とモジュラー化の相対的優位性を規定する「時間・投入資源」，「要求パフォーマンス水準」，「システムの複雑性」の視点から次のように説明した．青島・武石（2001：45）によると，このような変化の原因のひとつは，時代とともにインテグラル化とモジュラー化の相対的優位性が変化するためである．モジュラー化のメリットやデメリットが，技術や市場の変化にともなって，ある時には大きくなったり，ある時には小さくなったりする．それがアーキテクチャの変化を促す要因になる．このようなアーキテクチャの相対的優位性について，青島・武石（2001：46）は，図3-4を示しながら次のように説明した．直線はインテグラル化を表し，左側にある屈曲した線はモジュラー化を表現している．パフォーマンスをめぐるモジュラー化とインテグラル化の相対的優位性は，システムの開発や改善に投入することができる時間と資源の量に依存している．時間と投入資源がt0に限られている場合には，モジュラー化が優位な戦略となり，与えられた時間・投入資源がt1である場合にはインテグラル化の戦略が優位になる（青島・武石，2001：46）．

　このモジュラー化とインテグラル化の優位性をめぐる関係について，青島・武石（2001：46-47）は次のように指摘した．モジュラー化することによって，性能向上のスピードを高めることが可能なため，同じ時間とコストを投入すれば，モジュラー化の戦略が相対的に高いパフォーマンス水準を実現できる．しかし，モジュラー化するとインターフェースが固定化されているために，インターフェースのルールを変えない限り，ある一定水準（p1）を超えたパフォーマンスは実現できない．他方，インテグラル化の戦略を取れば，十分な時間と資源が供給されれば，p1を上回るパフォーマンスを実現できる．また，市場で要求される絶対的パフォーマンス水準について，それがp1を超えると，時

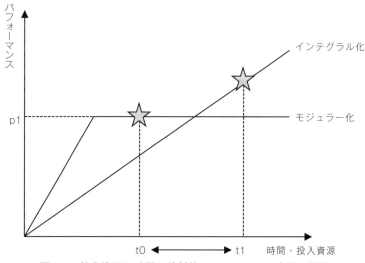

図3-4 投入資源・時間と絶対的パフォーマンス水準の影響

（出典）青島・武石（2001：47）.

間や資源の有無にかかわらず，インテグラル化に向かう必要がある．つまり，モジュラー化によって抑えられてきた構成要素間の相互作用を再び解放するためにインテグラル化する必要性が生じる（青島・武石，2001：46-47）.

　さらに，複雑性への対応という点におけるアーキテクチャの相対的優位性について，青島・武石（2001：48-50）は次のように指摘した．システムが複雑になると処理すべき相互作用の数が増えるために，システムのパフォーマンスを向上させるために要する時間と資源が従来以上に必要となる．同じ時間・投入資源（t1）であっても，モジュラー化する優位性が高くなる．従って，構成要素間の関係を事前にルール化することによって複雑性の削減を行う必要が生じる．しかし，システムの複雑性を処理する能力が一定ではなく，複雑性を削減できるほかの方法があれば，モジュラー化と補完的な関係になる．例えば，システムを開発する「個人の能力」が高まれば，より短い時間と低いコストで高いパフォーマンスが可能になる．与えられた時間と資源に変化がなく，扱うシステムの本来的な複雑性が同じであると仮定すると，複雑性を処理できる能力が上がることによって，インテグラル化の優位性が高まる．また，機能や専門分野を横断した，密なコミュニケーションを通じた高い調整能力は，結果とし

て複雑性を削減するモジュラー化の必要性を低減させる．モジュラー化しないでも対応できるものの，システムの複雑性の増大に，「組織の調整能力」がどこまで追い付けるかが課題になる（青島・武石，2001：48-50）．そして，青島・武石（2001：50-51）によると，情報技術の発展も複雑性処理能力を増大させるひとつの方法である．情報を扱う製品は，システムの構成要素をつなげる上での物理的な制約が少ないことから，モジュラー化しやすいといえる．モジュラー化がシステムの複雑性を削減する戦略であり，情報化が複雑性処理能力の増大かをもたらす限り，両者は補完的な関係にある．その上で，青島・武石（2001：51）は，情報化とモジュラー化が同時に観察されていることについて，

- 情報産業のスピードが速くそれがモジュラー化を有利にしている．
- 情報化，特にネットワーク化によってシステムの範囲が広がり，それによる複雑性の増大を製品システムのモジュラー化によって補っている．

のどちらかであると指摘した．

　最後に，ユーザー自身が自分の手で製品システムを組み上げる DIY（Do-it yourself）のような製品領域において，しばしばモジュラー化や標準化が存在することについて，青島・武石（2001：51）は，複雑性処理能力との関係から理解できるとし，最終的な製品システムの組み上げ作業が，メーカー側からユーザー側に移転されていると指摘した．それによると，その際，極めて単純なインターフェースを設定することによって，製品の内部構造に関する知識なしでも，最終製品を仕上げるような仕組みが必要である．このようなケースでは，システム全体の複雑性を各コンポーネントに隠蔽して，それらのあいだの関係は極めて単純なルールでつなぎ合わせるようなモジュラー化の戦略が有効である．

第2項　イノベーションの法則

　製品アーキテクチャの発展過程について，柴田（2008：60-83）は，先を見通した適切な製品戦略を構築するために，アーキテクチャが長期的に見てどちらの方向に動くのか，そのメカニズムと因果関係に関する理解が必要であると指摘した．その上で，アーキテクチャが一定の方向性に従って徐々に進化したり，あるいは急速に逆シフトしたりするというダイナミクスを持つことについて次のように指摘した．

(1) 第1の法則性：インテグラルからモジュラーへ

柴田（2008：65-69）は，製品アーキテクチャのダイナミクスに関する「第1
の法則性」について次のように述べた.

製品アーキテクチャのダイナミクスに関する第1の法則性は，製品アーキテ
クチャが次第にインテグラルからモジュラーへ進化する，ということである.
柴田（2008：65-66）は，次の3つの理由から説明している.

1）設計合理性

モジュラー・アーキテクチャは，多くのメリットを持ち，インテグラルより
も設計合理性が高い. モジュラー・アーキテクチャにもデメリットは存在する
ものの，トータルとしてみた場合，インテグラルよりも設計合理性が高い.
従って，企業はできるだけモジュラー・アーキテクチャになるように設計努力
を傾ける.

2）顧客の評価基準の変化

すべての新製品は，その初期段階では性能が低く，性能や機能に対する顧客
の要求水準を十分に満たしていない. 企業は，その時点での製品性能の最適化
をすることで顧客の要求水準を満たそうとするものの，その結果，製品アーキ
テクチャをインテグラルにする. モジュラー・アーキテクチャはデザイン・
ルールが規定されているために，性能の最適化には必ずしも適していないため
である. しかし，急速な技術進化により，製品性能は，顧客の要求水準を大き
く超え，その結果，顧客の評価基準は製品性能から他の評価基準にシフトする.
技術進化の結果，モジュラー・アーキテクチャでも顧客が満足する製品性能を
提供することが可能になり，同時に迅速で柔軟な製品開発など，他の評価基準
の重要性が増し，相対的に優れたモジュラー・アーキテクチャを企業は選択す
る. 顧客の評価基準の変化という視点から考えると，新しい製品はインテグラ
ルで登場して次第にモジュラー化へとシフトする.

3）サプライヤーとの効果的な関係性

技術と市場の変化が激しい現代では，すべての製品開発を自社内で行うこと
はほぼ不可能であり，効果的なアウトソーシングのマネジメントが必要である.
重要なことは，外注しようとする仕事をできるだけひとまとまりのパッケージ
にして，外注先と自社とのあいだで委託業務に関する複雑な相互依存関係をで

きるだけ排除することである．このような努力は，製品のモジュラー化とオープン化を促進する．サプライヤーとのインターフェースをルール化しようとする努力は，製品のモジュラー化をもたらす．効果的なアウトソーシングを実現するためには，企業は製品をモジュラー化する．

　柴田（2008：66）は，以上のような理由から，個別企業はモジュラー化に向けた努力を傾注し，その総体的努力の結果，マクロ的に見ると製品アーキテクチャは，インテグラルからクローズ−モジュラーの方向へシフトすると指摘した．

　この第1の法則性について，柴田（2008：66-67）は，進化の方向性のみが主張されていて，いつ，どのようにして実現されるかという実現のプロセスに関して何も主張していないと指摘した．その実現プロセスは非決定的であり，産業や製品特性の影響を受けるし，さらに組織能力によっても異なり，どの程度のスピードでモジュラー化が進展するのか，そしてどの程度までモジュラー化が進展するのかは，産業特性や組織能力に大きく依存する（柴田，2008：66-67）．

　モジュラー化の進展プロセスを規定する要因について，柴田（2008：66-69）は，図3-5のような3つがあると指摘した．それによると，第1の要因は，組

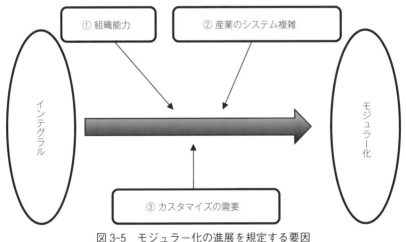

図3-5　モジュラー化の進展を規定する要因

（注）筆者の判断で「モジュール化」を「モジュラー化」と書き換えた．
（出典）柴田（2008：69）．

織能力という要因である．一般にインテグラルよりもモジュラー・アーキテクチャを実現するほうが組織はより高度な設計能力を必要とする．モジュラー・アーキテクチャにするためには，デザイン・ルールを事前にうまく決める必要がある．しかし，その作業は高度な組織能力を必要とする．第2の要因は，産業のシステム複雑性の程度である．産業や製品のシステム複雑性と組織能力とのせめぎ合いによって，モジュラー化の進展プロセスは影響を受ける．第3の要因は，カスタマイズに対する市場の需要である．その産業においてカスタマイズに対する需要の程度がモジュラー化の進展プロセスに影響を与える．以上のように，モジュラー化は一律ではなく，個別産業の属性や組織能力の程度に応じて異なった実現プロセスをたどる．しかし，方向性としての製品アーキテクチャは，モジュラー化の方向へ着実に進展する（柴田，2008：66-69）．

(2) 第2の法則性：モジュラーから再度インテグラルへ

続いて，製品アーキテクチャのダイナミクスに関する「第2の法則性」について，柴田（2008：69-72）は次のように指摘した．

柴田（2008：69-70）によると，モジュラー・アーキテクチャがいちど確立されると，デザイン・ルールは安定的になり，その結果デザイン・ルールの変更を必要とする革新は起こりにくくなる．特に，オープン－モジュラーの場合，社会的分業が行われているため，デザイン・ルールの変更は社会的コストを必要とする．だが，画期的な要素技術が誕生した場合には，モジュラー化した製品アーキテクチャも，インテグラルへ再度逆シフトする場合があり，これが製品アーキテクチャの第2の法則性である．この逆シフトは，要素技術の革新によって引き起こされるものの，その革新の契機には，外生的な革新と内生的な革新がある．外生的な革新とは，他作業で生まれた革新的要素技術を自分の製品に採用することによって，アーキテクチャがインテグラルへ逆シフトする場合であり，内生的な革新とは，自分の産業内で生まれた要素技術の革新がアーキテクチャをインテグラルへ逆シフトする場合である．自分の作業内の技術革新プロセスの中に，アーキテクチャをインテグラルに逆シフトさせる論理が組み込まれている場合を内生的という（柴田，2008：69-70）．

この要素技術の革新による製品アーキテクチャのモジュラーからインテグラルへの逆シフトについて，柴田（2008：71）は，内生的にせよ外生的にせよ発生する場合があり，それには2つの理由があると指摘した．第1の理由は，革

新的技術要素を中心にした新たな技術体系のもとでは，性能という評価軸が再度顧客にとって重要な価値に浮上してくるものの，その場合，モジュラーよりもインテグラルが全体最適を実現しやすいために，企業は製品アーキテクチャをインテグラルにシフトさせる（Christensen and Raynor, 2003）．第2の理由は，モジュラー化のために企業が蓄積してきた知識やノウハウが，革新的要素技術の採用によって無効になるためである．新たなモジュラー化のデザイン・ルールを想像するためには，新しい知識やノウハウが必要なものの，まだ十分に蓄積されておらず，その結果企業は再度インテグラル・アーキテクチャを選択する（柴田，2008：71）．

　そして，柴田（2008：71-72）によれば，第1の法則性と同様に，逆シフトという方向性は決定的であるものの，その実現プロセスは，個別産業の属性や企業の戦略，組織能力の影響を受ける．実現プロセスへの影響要因のひとつは，アーキテクチャの変更に伴うコストと便益のバランスである．クローズ－モジュラーであれば，そのデザイン・ルールは社内で閉じられているため，必要なコストは利害関係者間の調整コストのみである．クローズ－モジュラーの場合，変更に必要なコストと変更によって，将来もたらされる便益とを比較評価して，企業は意志決定を下すことができる（柴田，2008：71-72）．

(3) 逆シフトに伴う経営課題

　柴田（2008：72-75）は，逆シフトにともなって企業が直面する経営課題が大きく2つあるとし，次のように指摘した．

　柴田（2008：72-74）によると，1つ目は，アーキテクチャの変革に伴うコストと便益との見通しが不確実であるために，企業はアーキテクチャ選択のジレンマに直面することである．現在の安定的なアーキテクチャを作り上げる中で，企業が組織の中に蓄積してきた知識やノウハウ，経験を捨ててまで，新しい技術を中心としたアーキテクチャに切り替えるべきかという判断が必要となる．このジレンマを超えるためには，現行アーキテクチャと新アーキテクチャを同時に追求すること，つまり現行技術と新技術を一定期間同時追求し，両者を見極めるという仕組みが有効である．ただし，同時追求する期間の長期化は，経営資源の消耗につながるため，早急に技術選択を決断し，両技術の併存期間をできるだけ短くする必要がある．当事者個人の技術に対する関わりを，技術選択という組織的判断に転換する仕組みが必要である．その仕組みは，第1に現

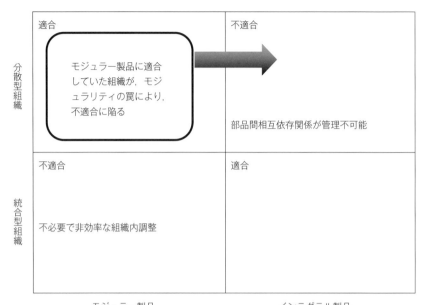

図 3-6　製品アーキテクチャと組織の相性

（出典）柴田（2008：74）.

行技術を追求する部門と新技術を追求する部門を両方同時にさせること，第2
に両部門を異なる技術課題に特化させることで，相互依存関係をできるだけ排
除し，両部門の情報遮断を行うこと，第3に両部門は1人の人間によって調整
され統括される必要があること，という3つの特徴をもつ（柴田，2008：72-74）.
　柴田（2008：74-75）によると，2つ目は，逆シフトが急速に起こるために，
製品アーキテクチャと組織との適合関係が失われ，企業は「モジュラリティの
罠」と呼ばれる現象（図3-6）に陥りやすくなることである．モジュラリティ
の罠とは，モジュラー化した製品がインテグラルへ急速に逆シフトした場合，
組織がそれに対応できず，イノベーションから利益を生み出す機会を失ってし
まうことである．

（4）クローズーモジュラーからオープンの可能性

　アーキテクチャがクローズ－モジュラーへ到着後，さらにオープン－モジュ
ラーへまで移行する可能性と条件について，柴田（2008：84-86）は次のように

指摘した.

　柴田（2008：84-85）によれば，製品アーキテクチャがクローズ－モジュラーを超えてオープン－モジュラーへまで移行する経路は2つ存在する（図3-7）.1つ目は，ISO（International Organization for Standardization, 国際標準化機構）などの国際標準化活動により，標準規格（デジュリスタンダード）が形成されることで，オープン－モジュラーへ移行するという経路である．2つ目は，市場競争によりデファクトスタンダードが形成されて，オープン－モジュラーへ移行する経路である．オープン化は，個別企業と市場全体のどちらの視点に立つかによってその利害がまったく異なってくる．リーダー企業にとってオープン化のメリットを見いだすことは難しいものの，フォロワーにとってオープン化は，支配的企業が囲い込んできた利益を共有できる絶好の機会になる．ただし，アーキテクチャがオープン－モジュラーへ移行する合理性は明らかではなく，オープン－モジュラー化が方向性として決定的かどうかは明らかではない（柴田，2008：84-85）.

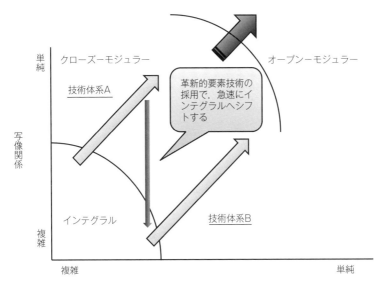

図3-7　製品アーキテクチャの発展過程

（注）図中の「モジュール」を筆者の判断で「モジュラー」に変更した.
（出典）柴田（2008：85）.

　ただし，柴田（2008：86）は，注意すべき点として，一度オープン－モジュラーに達した場合，確立したデザイン・ルールを所与としてモジュールごとに社会的分業と競争が展開されるため，この段階で製品アーキテクチャを変更することは，非常に大きなスイッチングコストを要すると指摘した．この段階に到達したアーキテクチャは，多少の不都合が存在しても，現在のアーキテクチャを維持しようとする力学が働くためであると指摘した．

第3節　インテグラル型への回帰とモジュール分割

　第3節では，製品アーキテクチャの変化において，モジュラー型からインテグラル型への回帰の段階に関する先行研究の検討を行う．また，イノベーションを促進する手法としてのモジュール分割と並行イノベーションに関する先行研究の検討を行う．

第1項　インテグラル型への回帰イメージ

　田中（2009）は，いくつかの工業製品やウェブサービスを事例に，モジュラー型製品からインテグラル型製品への回帰について議論した．

　まず，田中（2009：120）は，インテグラル型への回帰について，次のようなステップを取りながら進むと考えられると指摘した．

① 突破型技術革新が減速し，ドミナントな利用方法が確立する（供給面での変化）
② 大衆ユーザーが登場する（需要面での変化）
③ 大衆ユーザーが新しい技術・機能よりも，使いやすさ，安定，価格の安さ，安全性を求めるようになる．

　供給側からの変化として，突破型革新が減速することについて，田中（2009：120-121）は次のように指摘した．ドミナントな利用方法が確立し，情報通信機器あるいはサービスの利用形態がそれほど大きく変化しなくなる．試行錯誤的な時代，すなわち突破型革新の時代が終了すると，おおよその基本デザインが確立する．他方，需要面での変化としては，需要層が知識を持つ先進ユーザーから，知識を持たない一般の大衆ユーザーに拡大する．大衆ユーザー

は，モジュラー型製品を自分で調整する能力を持たないので，先進ユーザーよりもモジュラー型製品をより不便と感じる．大衆ユーザーは，絶えざるモジュール間の調整・トラブル処理，セキュリティ対策などを苦痛に感じ，できればそれらの面倒を避けたいという希望が知識ある先進ユーザーよりも強い．このように，供給面・需要面の両面から影響がある時，人びとの嗜好はモジュラー型からインテグラル型に移っていく．その上で，ユーザーが求めるものは，将来の突破型革新の利用可能性ではなく，使いやすさや安定性，セキュリティ，価格の安さである（田中，2009：120-121）．

　こうしたモジュラー型からインテグラル型への人びとの嗜好の移行について，田中（2009：121-122）は次のように指摘した．ユーザーは，これまでもオープン－モジュラーが原因の使いにくさ，不安定さ，セキュリティ問題に悩まされてきた．これまではそれを上回る便益がオープン－モジュラーから得られていたものの，もはやその便益を感じられない．さらに，同時に登場する大衆ユーザーは，使いにくさ，不安定さ，セキュリティへの不安などへの不満を募らせる．利用できる機能を限定してでも，使いやすく，安定しており，セキュリティの高い製品・サービスを期待する．この要求に応えるためには，オープン－モジュラーをやめて，供給側が完全に調整を済ませた製品にする方法がある．インテグラル型製品の良さは，機能は限定されてしまうものの，安定していて，安全で，使いやすい点にある．インテグラル型製品の登場によって大衆ユーザーはさらに広がる．インテグラル型製品は使いやすいので，大衆ユーザーの需要に合致しており，大衆ユーザーのあいだに普及していく．大衆ユーザーの登場は，ますますインテグラル型製品への需要を増やしていくという形で正のフィードバックがかかる（田中，2009：121-122）．

　田中（2009：122）は，インテグラル型製品のイメージについて次のように指摘した（図3-8）．インテグラル型製品は，モジュールとして各社がそれぞれ独立して提供するのではなく，一社がまとめて提供する．一社がまとめて提供するということは，他社のユニットをモジュールとして使えないため，結果として使える機能は，その一社が提供する範囲に限定される．この「機能の限定」は，やむを得ざる措置ではなく，むしろ安定性，使いよさ，セキュリティ，低価格などを保つために必要である．既存のオープン－モジュラーの製品から機能を限定して取り出し，一社がまとめて提供することが統合型製品の基本イメージである．モジュラー型製品は，いくつかのモジュール（図3-8ではモ

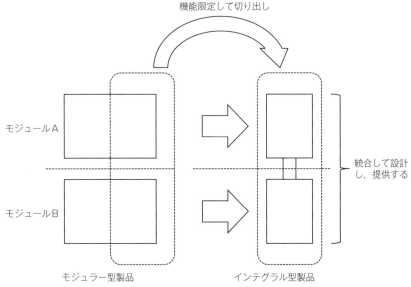

機能限定して切り出し

モジュールA

モジュールB

統合して設計
し, 提供する

モジュラー型製品　　　　　　　　インテグラル型製品

図 3-8　インテグラル型製品のイメージ

（出典）田中（2009：123）.

ジュール A とモジュール B) の組み合わせになっていて, あらゆる用途に対応で
きる汎用機である. これに対し, そこから一部の機能を取り出し（機能を限定
し）, 各モジュールを統合した製品がインテグラル型製品である.

　その上で, 田中（2009：122-124）は, インテグラル型製品について, 携帯電
話を例にして次のように説明した. パソコンとその周辺機器において, モ
ジュールの組み合わせとして利用されていることの中から一部を取り出し, 機
能を限定して統合したのが携帯電話である（図 3-9）. 携帯電話に取り入れられ
た機能は限定されていて, パソコンと比較すると利用可能な製品・サービスの
幅は極端に狭くなる. その代わり, 使いやすさ, 安定性, セキュリティは上昇
し, パソコン関係の知識のない人でも使えるようになっている.

機能限定して切り出し

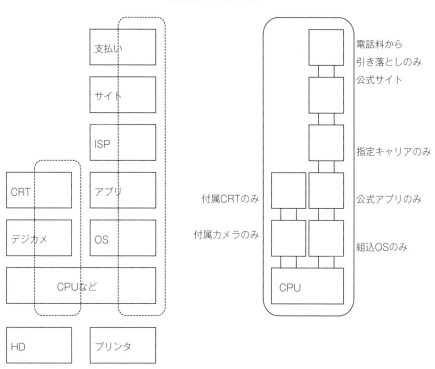

図 3-9　インテグラル型製品としての携帯電話

(出典) 田中 (2009：123).

第2項　モジュール分割と並行イノベーション

　柴田（2008：115-117）は，モジュラー化の便益を3つ提示した．1つ目として，コスト削減効果を指摘し，次のように説明した．特定の機能に不具合が生じても，システム全体の交換ではなく，モジュールごとの交換で問題解決が可能である．2つ目は，モジュールごとの多様な組み合わせによって，マス・カスタマイゼーションが可能になる．3つ目は，モジュールごとの独立で並行した製品開発を可能にし，製品開発のスピードを上げ，技術革新を加速できる．その上で，柴田（2008：115-117）は，モジュール化が実際にどの程度の便益をもたらすかは，具体的にモジュール分割の方法に依存し，モジュール分割に関する設計判断は，モジュラー・アーキテクチャの設計において極めて重要な役割を果たすと指摘した．

　柴田（2008：121-123）は，このモジュール分割の本質について，コンピュータのソフトウェアを事例にして，次のように説明した．モジュール分割の基本的問題のひとつは，モジュールの単位の問題であり，モジュールをどの程度細分化すべきかという問題である．すなわち，できるだけ細かいモジュールに分割するのか，あるいはより大きなまとまりとしてモジュール化を実現するかの判断である．現実の製品設計では，事前に1つのモジュール分割を選択しなければならない．モジュール分割とは，このように論理的にトレードオフの関係がある技術的に不確実な状況において，特定の分割方法を事前に選択するプロセスである．そのため，モジュラー・アーキテクチャの設計は難しく，特にシステム複雑性が高い産業では，適切なモジュール分割の方法を設計段階で分析的に明らかにすることは困難であり，その結果モジュール分割の設計判断は大きな制約になる（柴田，2008：121-123）．

　さらに，柴田（2008：138-139）は，モジュール分割について，必ずしもモジュール同士の相互依存性の側面だけで決定されるわけではないと指摘した．それによると，利害関係者間での合意形成プロセスの中でモジュール分割は決定される．利害関係者としてのシステム・ベンダーとユーザーとでは，モジュラー化に期待するベネフィットが異なっており，それをもたらすモジュール分割の方法も異なる．そうした条件でも，1つの分割方法を選定しなければならず，それは利害関係者間での調整を必要とする作業であり，合意を形成するプロセスである．モジュール分割の判断とは，何をひとまとまりのモジュールとして認識するかという，人間の洞察や認識に大きく依存する．それは，どのよ

うなまとまりを有機的連関性のある知識単位として認識するのかに関する，個人の判断と密接な関係がある．こうした判断が関係者によって異なるため，現実のモジュール分割を困難なものにしている．それを解決するには，利害関係者間での緊密な擦り合わせを必要とするはずである．つまり，本来は，モジュラー化を実現すれば擦り合わせを必要としないはずが，そのようなモジュラー化を実現するためには，むしろ擦り合わせを必要とするのである（柴田，2008：138-139）．

　その上で，柴田（2008：142-144）は，イノベーションを促進するモジュール分割について，次のように説明した．従来，イノベーションを促進する主体は，技術や製品に関する豊富な知識を持つベンダーであった．しかし近年，豊富な使用経験を有するユーザーもまた，イノベーションの源泉として重要な役割を果たしている（von Hippel, 1988）．特に，市場の需要が多様化すると同時に急速に変化する現代においては，イノベーションの促進にとって，いかにしてユーザーを効果的にイノベーション活動に取り込むかが重要である．イノベーションのためには，技術情報とニーズ情報の2種類の情報が必要である．使用経験豊富なユーザーは，確かに製品の改良箇所や不具合箇所に関して貴重な意見を持っている．ユーザー自身を製品開発に参加させ，自らの要望を自分で実現することを可能にすれば，ニーズ情報を移転することなく，従来よりもはるかに速いスピードと安いコストで，多様なユーザー・ニーズに対応することができる可能性がある．ユーザー領域とベンダー領域に適切にモジュラー化することによって，ベンダーとユーザーは互いの事情に配慮せず，それぞれ独立して必要な革新を製品システムに加えることができる（柴田，2008：142-144）．柴田（2008：142-144）は，こうした方法について，ユーザーとベンダーがともにイノベーションに関わる点から，ユーザーとベンダーによる「並行イノベーション戦略」と呼んだ．

　この並行イノベーション戦略について，柴田（2008：144）は次のように説明した．並行イノベーション戦略とは，ベンダーのみならずユーザー自身を，イノベーションの主役として意図的に取り込もうとする．ユーザー・モジュール領域はユーザーに対して完全にオープンであり，その領域の資源をベンダーの許可を取る必要なく自由に操作することが可能である．それに対して，ベンダー・モジュール領域は，ユーザーに対しては完全にブラックボックスであり，ベンダー・モジュール領域をユーザーが操作することはできない．両モジュー

ル間に適切なインターフェースを規定することで，ユーザーとベンダーとがそれぞれ独立して並行した開発を行うことが可能になる（柴田，2008：144）．

　製品システムをユーザー・モジュールとベンダー・モジュールに分割することについて，柴田（2008：144-145）は次のように指摘した．こうした分割に大きなメリットがあるのは，ユーザーの持つ「ニーズ情報の粘着性」が高い場合である．ユーザーが粘着性の高いニーズ情報を保有している場合，それをベンダーに移転して製品開発に使用するには大きなコストがかかる．粘着性の高い情報を移転するより，ニーズ情報を持つユーザー自身が，自分で自分の要求を製品設計に反映させるほうがはるかにコストは安いからである．そのために，ベンダーが管理するベンダー・モジュールとは別に，ユーザーに開放するユーザー・モジュールの領域を適切に設定すれば良い．情報の粘着性が高い場合，1つの製品システムをユーザー・モジュールとベンダー・モジュールに分割するほうが合理的である（柴田，2008：144-145）．

　また，柴田（2008：145）は，このユーザー・モジュールとベンダー・モジュールの分割について，ユーザー・イノベーションの誘発において，各領域の境界の設定が重要であるとして，次のように指摘した．境界の設定に大きな影響を及ぼすのは，ニーズ情報の粘着性の程度である．情報の粘着性は，いくつかの要因の影響を受ける．第1の要因は，どの程度容易にコード化して伝達可能かという「情報自身の暗黙性」で，ニーズ情報が暗黙的であり，コード化することが困難な製品システムの場合，ユーザー・モジュール領域を大きく設定し，ユーザー自身が製品開発に関与可能な領域を大きく設定しておくことが望ましい．第2の要因は，ユーザー（情報提供者）の能力の問題で，ユーザーの能力が低ければ，ユーザー・モジュール領域の資源を自由に操作することは困難なため，ユーザー・モジュール領域を小さくし，その代わりにベンダーによる管理領域を大きく設定する必要がある．このように，ユーザー・モジュール領域とベンダー・モジュール領域の境界をどこに設定するかという問題において，ユーザーの能力の程度が影響を与える（柴田，2008：145）．

第3項　ベンダーによるツールキットの提供

　ユーザーによる能力差の問題を克服するための方法について，柴田（2008：146）は，ベンダーによる「ツールキット」の提供という方法を指摘した．柴田（2008：146）によると，このツールキットとは，基本的な機能を持つ複数の

ツールから構成され，使用するツールを自由に選択することで，ユーザーは独自の機能を実現することができる．また，そのメリットは，ユーザー能力の多様性を克服し，ユーザー・モジュール領域とベンダー・モジュール領域の境界を統一できること，ツールキットはユーザー・モジュールとベンダー・モジュールのいわば標準インターフェースとしての役割を果たすということ，の2点である．これに準拠すれば，ユーザーとベンダーはお互いの技術進化スピードや技術軌跡の違いに影響されることなく，理論的には無制限にバージョンアップを加えることができる（柴田，2008：146）．

　並行イノベーション戦略を可能にするモジュール分割について，柴田（2008：147-148）は，ユーザー・モジュールとベンダー・モジュールに加えて，ツールキット・モジュールというサブシステムから概念的に構成され（図3-10），モジュール間の境界をどこに設定するのかという問題は，ニーズ情報それ自身の性質，およびユーザーの能力という2つの要因の影響を受けると指摘した．

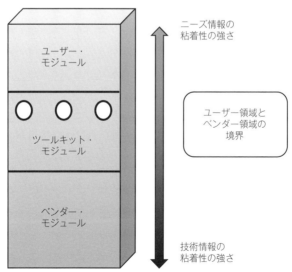

図3-10　並行イノベーション戦略を可能にするモジュール分割
（出典）柴田（2008：147）．

第4章　日本における海外パッケージツアーの変遷

　日本のパッケージツアーは，これまでさまざまな変化を経てきた．その中で，海外パッケージツアーは，旅行の自由化とともに，至れり尽くせりのフルパッケージ型から始まり，スケルトン型，メディア販売，高級（高価格）ツアー，SITへと展開してきた．そのあいだ，日本人の海外旅行（アウトバウンド）は，1964年の約22万人から大きく増加し，2018年には約1895万人，2019年には約2008万人に達した（図4-1）．

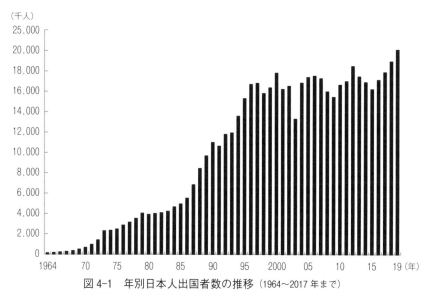

図 4-1　年別日本人出国者数の推移（1964〜2017年まで）

（出典）法務省「出国管理統計」を元に筆者作成．

第1節　海外パッケージツアーの誕生と変遷

　第1節では，研究対象のパッケージツアーについて，特にパッケージツアーの変化，旅行業者の対応，経営環境の変化に関する先行研究から検討する．その際の具体的な研究対象は，海外パッケージツアーとする．

　日本における海外旅行および海外パッケージツアーの変遷のうち，本研究の関心に関連がある，比較的大きな出来事や変化について，旅行業や旅行商品に関する先行研究の中から検討する．具体的には，小林（2007）および小林弘二（2009），竹中（2011），立教大学観光学部旅行産業研究会（2016）を元に，井原（2003），王（2005），王（2007），鬼沢（2011），今西（2013）を加えて検討する．また，海外パッケージツアーの変遷を整理していく際に，パッケージツアーをめぐる競争や環境に着目している竹中（2011）の時代区分（表4-1）を用いる．

　なお，先行研究の検討の一部で，インターネット等の情報通信技術が発達し，旅行分野で普及し始めたあとの出来事や変化についても触れるものの，本研究の関心は，あくまでマス・ツーリズムを象徴する旅行関連サービスとしてのパッケージツアーであり，またパッケージツアー自体の構造や特性とその変遷との関係性である．

第1項　黎明期（1964〜1970年）

　竹中（2011：123-124）は，海外パッケージツアーの変遷において，1964〜1970年までの期間について，「黎明期」と名付けて次のように指摘した．日本初のパッケージツアーとして，1964年にスイス航空の「プッシュ・ボタン」が登場した．日系企業では1964年に日本航空主導の「ジャルパック」が発表され，1965年に発売，同年にその第一陣「ヨーロッパ16日間コース」が

表4-1　竹中（2011）による海外パッケージツアーの時代区分

名　称	期　間
黎　明　期	1964〜1970 年
第 1 次成長期	1971〜1985 年
第 2 次成長期	1986〜1997 年
不　安　定　期	1998〜2009 年

（出典）竹中（2011）を元に筆者作成.

出発した¹⁾. 自由化当初は，まだ旅行業者が主体的にパッケージツアーを企画しておらず，また独自の流通経路で販売していなかったため，外国航空会社を中心に，それぞれの航空便を使用するパッケージツアーを航空代理店経由で販売していた（竹中，2011：123-124）.

　また，海外旅行自由化直後のパッケージツアーをめぐる状況について，王（2005：74-75）は，旅行業界と航空業界とが提携し，協働で企画した主催旅行が実態であり，旅行業界や航空業界それぞれによる独立した商品とはいえないと指摘した. また，王（2005：74）によれば，日本航空の「ジャルパック」は，海外旅行の自由化以降さまざまな旅行業者が独自に企画していた包括旅行（Inclusive Tour）について，日航機を利用することを前提に，ジャルパックという名称に統一して販売を開始したもので，その手配・あっ旋は旅行業者が受け持ち，宣伝は日本航空が受け持つというものであった. 日本航空は直接販売を一切行わず，問い合わせに来た客を旅行業者に紹介し，団体催行によるすべての収益は旅行業者のものになるという仕組みであった（王，2005：74）.

　航空会社主導のパッケージツアーに対して，本格的な旅行業者主導のパッケージツアーについて，竹中（2011：123-124）は次のように指摘した.「旅行というものは航空会社ではなく，旅行業者が企画するものだ」というプライドのもと，1968 年に日本交通公社（現 JTB）と日本通運などが提携して「ルック」がスタートした.「黎明期」後半の 1969 年には，「ダイヤモンドツアー」（郵船航空）や「ジェットツアー」²⁾の前身である「世界旅行」（6 社共同出資）が設立された. 次に述べるように，同じ時期にジャンボジェット機時代を見据えた，低価格で買い取り型のバルク運賃が発効し，この運賃形態がその後の旅行業界体質を変えたといわれ，日本人海外旅行の大衆化には大きな貢献を果たした（竹中，2011：123-124）.

　「黎明期」のそのほかの環境変化について，王（2005：74-79）は次のように指摘した. 1965 年の航空運賃の「GIT 運賃」³⁾制度の登場は，海外市場拡大の追い風となった. また，1969 年のドル持ち出し枠緩和，1970 年のジャンボジェット機の就航，数次往復旅券（5 年間有効）の導入があった. このあいだにアウトバウンド客数がインバウンド客数を逆転するなど，海外旅行者数は1965 年の 16 万人から 1974 年の 234 万人へと飛躍的に増加した. 海外渡航自由化以降，海外旅行の高収益性が旅行業界の急速な成長を促進した要因のひとつである. 以上のような旅行の「商品化」は，旅行業者の経営形態を交通・宿

泊のあっ旋会社から，旅行商品の企画・販売会社へと変容させた（王，2005：74-79）．

　また，「黎明期」における海外パッケージツアーをめぐる旅行業者の取り組みについて，竹中（2011：125-126）は次のように指摘した．パッケージツアーという包括的ツアーは，サプライヤーが提供する旅行サービスの単なる包括にとどまらず，日本の旅行業者は各旅行サービスを日本人特有のメンタリティに対応できるよう，知恵を絞ってカスタマイズし，より身近なものにした．当初の外国主導のパッケージツアーについて，旅行者目線に立って日本人向けに適応させた功績は大きく，大衆化への基盤を築いた．そして，その流れは現在に受け継がれている（竹中，2011：125-126）．さらに，竹中（2011：125-126）によると，成長期のバルク運賃や GIT 運賃などの弾力運用に伴い，「夢の」，「一生に一度の」海外旅行は，庶民にも手が届くようになっていく．その背景には，大型ジャンボ機の普及や日本の景気動向，そして国民のライフスタイルの変化があった．旅行業界の叡智や努力で現地の不安を解消し，利便性を高め，品揃えも充実した和製パッケージツアーは，幅広い購買層に浸透し，日本の海外旅行の大衆化に大いに寄与した（竹中，2011：125-126）．

　さらに，旅行業の経営や旅行業界における競争について，王（2007：10）は次のように指摘した．旅行業は，1960 年代半ばまで，チケットの代売等による手数料収入を主な利益とする単純経営を続けてきた．しかし，旅行商品の登場によって，旅行業の商品化時代が始まった．その影響で，特定の業務に特化した旅行業者の登場や，大手総合旅行業者の分業化の促進等，旅行業に構造的に大きな変化がもたらされた．このように，比較的安定していた旅行市場は，商品化の衝撃で企業競争がいっそう激しくなった．そして，王（2005：74）によれば，1960 年代から 1980 年代にかけて，数多くの旅行業者の参入によって低価格競争の悪循環に陥った旅行業界では，収益性の高い海外旅行を専門的に取り扱う経営戦略を取る旅行業者が現れた．

第 2 項　第 1 次成長期（1971～1985 年）

　次に，竹中（2011：124）は，1971 年から 1985 年の期間について，「第 1 次成長期」と名付けて，次のように指摘した．1970 年代には市場成長の背景に合わせて，大手鉄道系を中心に新しいホールセール・パッケージツアーのブランドが次々に登場することになり，この傾向は同年代後半まで続いた．80 年代

に入ってもホールセラー（パッケージツアー造成専門の旅行業者）が新規登場する一方で，比較的高額の初期ホールセール・パッケージツアーの「第1ブランド」に対し，「第2ブランド」と呼ばれる廉価販売のパッケージツアーも勢力を強めていった．大型機材で運航する航空会社も，閑散期を中心に座席消化に奔走しなければならない状況下にあり，同一の旅行業者が主催するパッケージツアー同士でも金額の差が大きく開き，二重構造的な矛盾を生んでいった（竹中，2011：124）．

　また，竹中（2011：124）は，この「第1次成長期」後半に，新聞雑誌メディアを主な広告媒体としたダイレクト・マーケティングのパッケージツアーが台頭してきたとして，次のように指摘した．リテーラーへの販売手数料を省けるいわゆる直販によって，廉価な「メディア販売」が急成長を遂げた．このような販売形態の「メディア・パッケージツアー」は，海外旅行の大衆化や出国者数増加に大きく寄与した．しかし，同時に過当競争，価格破壊，品質と信用の低下をもたらす原因ともなった．この時期，リテーラーや旅行者に対して，商品内容と価格差を明確に説明できない状態を放置し，業界全体で危機感のない状況が続いていった（竹中，2011：124）．

　その中で，海外旅行市場が拡大していった背景について，小林弘二（2009：33-41）は，社会的環境の変化と旅行費用の低廉化を指摘している．また，小林弘二（2009：33-41）は，ジャンボジェット機の就航によって高速・大量輸送時代が到来したことをあげながら，これによって生まれた大量の航空座席を販売するために，旅行業者を対象にしたバルク運賃が導入され，このバルク運賃がもつ特徴，すなわち旅行業者が一定以上の航空座席を買い取るという仕組みがパッケージツアーの低廉化と市場拡大に影響を与えた，と指摘した．その上で，小林弘二（2009：39-42）は，このバルク運賃がパッケージツアーの流通にも影響を与えたとして，次のように指摘した．大量の買い上げ（返品不可）の航空座席をもとにしたパッケージツアーは，自社のみならず同業他社や契約代理店を通じて販売する，現在まで続く流通システムが構築された．こうした動きによって，ホールセラーとパッケージツアーの小売りを専門とするリテーラー，といった旅行業界における実際上の業種が出来上がっていった[5]（小林弘二，2009：39-42）．

　さらに，1975年から1980年代前半の状況について，小林弘二（2009：39-42）は，次のように指摘した．旅行市場も一時的にオイルショックの影響を受けた

ものの，1978 年の成田空港開港などによってさらに航空座席が豊富に供給され，リピーターも増えるなど大きく市場を拡大していった．そして，それまで新聞社系列の旅行業者が中心であったメディアを活用した販売では，1980 年代前半から，大手旅行業者および新興の旅行業者も，新聞や旅行情報誌などを利用して拡大させた．そして，個人旅行マーケットをターゲットとして，さまざまな規模の旅行業者が参入した．このメディア販売は，新規の個人旅行マーケットを狙い，特に価格で訴求しようとしたため，既存商品とのあいだの価格差によって競合関係が生じ，これが旅行者の商品価格への不信感につながった（小林弘二，2009：39-42）．

　上記のうち，メディア販売について，狩野（2008b：61）は次のように指摘した．この時代の中心は，少品種大量造成の低価格パッケージツアーの販売であった．1980 年代後半に，「エイビーロード」（株式会社リクルート），「ブランカ」（株式会社学生援護会）等の雑誌によるメディア販売が開始され，若者を中心に低価格の旅行が定着していった．また，井原（2003：493）によれば，同時期のメディア販売の例として，のちに「クラブツーリズム」へと発展する近畿日本ツーリストの「旅のダイレクトマーケティング事業」がある．同社渋谷営業所などが 1980 年秋に始めたもので，当初は，主催旅行を夕刊紙に広告として掲載し，関心を持って応募や問い合わせをしてきた顧客に対して，電話で対応するというものであった．さらに，1980 年代前半に，旅行ブームにうまく乗って業績を伸ばしていったのが，新聞募集を使ったメディア販売を手がけた阪急交通社である（狩野，2008b：61）．狩野（2008b：72-73）によると，同社は，創業・設立における事情から，店頭販売を主力とする他社と比較して店舗数が少なく，メディア販売に活路を求めた．また，1985 年に新聞での定期的募集広告を始め，1989 年に「トラベル＋トピックス＝トラピックス」という意味でのトラピックスというブランド名を使い始め，メディア販売センターを設立し，メディア販売の一スタイルを作った（狩野，2008b：72-73）．

　以上のようなこの時期の展開について，王（2005：77）は次のように整理した．1960 年代の後半，旅行の商品化は一気に本格化した．「ジャルパック」などキャリア部門の企画旅行商品の登場は，その強力な宣伝・販売活動と GIT などの思い切った低価格政策により，ますます旅行業の競争を激化させるようになった．1970 年代に入って，他業種の兼業型旅行業者の参入と中堅旅行業者の進出がめざましかった．1980 年代になると，海外企画商品の販売による

航空会社，ホテルなどからの高額な手数料，およびホールセールとリテールの
差額収入で，海外旅行の収益性は高かった．それを狙って参入する企業も一気
に増えた（王，2005：77）．

第 3 項　第 2 次成長期（1986〜1997 年）

　続いて，竹中（2011：124）は，1986 年から 1997 年までの期間について，「第
2 次成長期」と呼んで次のように指摘した．日本市場の急成長を感じた各国は，
果敢な誘致合戦を展開した．また航空会社も，全日空の国際線参入をはじめ路
線網の拡大や便数の増加傾向をたどり，この両者の影響を受けたパッケージツ
アーの旅行パターンも多彩となって，ラインナップが充実してゆく．そして市
場には，ホールセール・直販，高額・廉価を問わず，多種多様なパッケージツ
アーであふれていた．しかし，順調な市場成長とは裏腹に，旅行業者の収益性
は低下し，確実に薄利多売構造を固めていった（竹中，2011：124）．

　竹中（2011：126）によると，「第 2 次成長期」の前半くらいまで，各旅行業者
の企画力によって，さまざまなアイデア商品が顧客層別に造成された．竹中[6]
（2011：126）は，単なる価格競争力だけではなく，企画や仕入力で競争が可能
な時代であったとし，まさに「和製海外パッケージツアーの真骨頂に到達した
感があった」と指摘している．また，竹中（2011：124）は，1990 年代に入ると
ホールセール・パッケージツアーに翳りが見え始めたとして次のように指摘し
た．パンフレットの中に消費者が誤認するような内容が見られるようになり，
旅行にも消費者保護の色合いが強まり，デメリット表示が導入された．つまり，
旅行代金の二重構造による不透明感，旅行業者とパッケージツアーの信用問題
は，消費者保護の土壌を作り，業界や旅行業者が自らを苦しめることになった
（竹中，2011：124）．

　さらに，1990 年代に注目を集めるようになった個人旅行（FIT）の市場につ
いて，狩野（2008b：57-62）は次のように指摘した．バブル経済の崩壊によって
企業の団体旅行が減少し，変わって FIT が新しい市場として注目され，各旅
行業者は FIT に対する旅行市場を開拓し，それに対応する旅行商品を造成し
た．また，1997 年をピークに，景気の低迷と連動してさらなる価格破壊が進
行し，各社は他社よりも少しでも安くして競争に勝つという熾烈な価格競争に
走った（狩野，2008b：57-62）．

　そして，この時期に FIT の人気が高まった要因のひとつが格安航空券で

あった（狩野，2008b：72-73，森下，2009：64）．この格安航空券は，団体旅行のための割引航空券を個人向けに販売し一般化したもので（狩野，2008b：72-73），1980年代中頃になって広く一般化した（森下，2009：64）．また，旅行業者による航空券販売の新たな方法のひとつであり，仕入れた航空座席を売り切るための手段かつ売り上げを補完することを目的としており，消費者のニーズに対応するためのものではなかった（狩野，2008b：72-73）．さらに，1998年の航空法の改正を発端に，航空会社で各種割引運賃が設定されたことで，団体旅行以外でも安い航空券が手に入るようになった（森下，2009：64）．これによって，個人が自分で手配する形の海外旅行がひとつの市場を形成し（狩野，2008b：72-73），個人の嗜好の多様化が進み，特により個人仕様の旅行が好まれるようになった（森下，2009：64）．

第4項　不安定期（1998〜2009年）

最後に，1998年から2009年までの期間は，本研究の対象を超える期間も含んでいるため，本研究に必要な部分に限定して検討する．竹中（2011：125）は，この期間を不安定期と呼んで，次のように指摘した．この期間は，パッケージツアーの流通が大きく変化していった．前述したように，1990年代に入ると，従来型のパッケージツアーへの危機感が共有されるようになり，その中でメディア販売などの直販商品やパーツ型のFIT用パッケージツアーなどが旅行業の経営を支えた．また，2000年代初頭あたりから，ホールセラーの経営図式が成り立ちにくくなり，大手・中堅でも規模縮小，撤退，身売りが始まり，非対面販売のビジネスモデルへ転換を迫られるケースも出てきた（竹中，2011：125）．

狩野（2008b：56）は，1996年をピークに業界の市場規模が縮小する傾向にあったとし，業界の成長が鈍ったことによって業者間のシェア争奪競争が行われ，敵対関係が高まったとした．また，シェア争奪競争による価格戦争は，大手業者と比較して財務的に体力のない中小業者にとって，かなり厳しいものであったと推測した上で，「大手業者」対「中堅業者グループ」という構図の業者間アライアンス[7]の存在を指摘した．

また，狩野（2008b：68-69）によると，近畿日本ツーリストは，2004年12月に相鉄観光を子会社化したのを皮切りに，プラットフォーム戦略を推し進めた．プラットフォーム戦略とは，「旅行業の現状を根本的に改革するため，共有可

能な機能は会社の枠を超えてプラットフォームを組み，各社でシナジー効果を生み出していく」ことを目的に，他社との「業務・販売・資本提携，商品提供など，さまざまな形での販売・業務上の連携を進め，各社が単独で追っているプラットフォームを共有化する」というものである．共有できるプラットフォームとして，① 商品企画・造成・販売，② 予約販売システム，③ ウェブ販売機能，④ 国内・海外仕入れ，⑤ 社員教育システム，⑥ リスクマネジメント，⑦ 駅・グループの活用，の7つの項目をあげている（狩野，2008b：68-69）．

　さらに，狩野（2008b：57-58）は，旅行業者にとっての仕入先であり，パッケージツアーの構成要素の売り手であるサプライヤーについて，特に航空業界の交渉力が以前より増した点を踏まえ，次のように指摘した．国際航空運賃に関する制度改正などを経て，仕入れ・価格競争の激化やインターネット経由の直接販売，ジャンボ機から中型機への変更など，さまざまに環境が変化した結果，これまでは保有する座席数が多い場合には，多量の座席を販売してくれる旅行業者を通すことに販売促進上の意味があった．ところが，売れ残りが発生しなくなってきたため，旅行業者を経由する意味がなくなってきたことで，航空会社にとって利幅の小さい IT 運賃の座席数はさらに縮小傾向にある[8]（狩野，2008b：57-58）．

　竹中（2011：125）は，旅行者の変化に対する対応について次のように指摘した．海外旅行者が増えるにつれて，旅行先に対するニーズも多様化し，リピーターは新たな行き先を求めるようになった．そして，ニーズの多様化の流れに乗った旅行業者は，こうした旅行者ニーズに呼応することで支持を得た．また，SIT も売れはじめ，南極旅行なども商品化された．その結果，大手を中心に商品数の絞り込み傾向が顕著である（竹中，2011：125）．

　以上のような，海外パッケージツアーの変遷をまとめたのが表 4-2 である．

表4-2　海外パッケージツアーの変遷とその環境

期間	環　境	パッケージの変遷
黎明期 (1964〜 　　1970年)	海外旅行の自由化	• 航空業界主導のパッケージツアー登場(竹中, 2011：123-124) • 旅行業界と航空業界による協働・分業(王, 2005：74-75) • 旅行の「商品化」(王, 2005：74-79)
	ジャンボジェット 機就航 GIT運賃・バルク 運賃の登場	• 本格的な旅行業者主導のパッケージツアー(竹中, 2011：123-124) • GIT運賃等による商品価格の引き下げ(王, 2005：74-79)
第1次成長期 (1971〜 　　1985年)	海外旅行参加者の 増加 旅行経験の成熟	• パッケージツアーのブランド, 商品の増加(竹中, 2011：124) •「第2ブランド」の登場(竹中, 2011：124) • メディア販売の登場(狩野, 2008b：61, 72-73；竹中, 2011：124) • 価格競争(小林弘二, 2009：34-41, 39-42) • 旅行者の不信感(竹中, 2011：124)
第2次成長期 (1986〜 　　1997年)	FIT人気 消費者保護の気運 格安航空券登場	• 価格競争激化, 収益性低下, 薄利多売構造(狩野, 2008b：57-62, 72-73；森下, 2009：64；竹中, 2011：124)
不安定期 (1998〜 　　2009年)	航空業界の交渉力 増 ニーズの多様化	• 流通チャネルの変化(竹中, 2011：125) • ホールセラーの限界(竹中, 2011：125) • ニーズの多様化(竹中, 2011：125)

第2節　海外パッケージツアーの質的変化

　第2節では, 海外パッケージツアーをめぐって, 日本の旅行業者の取り組みとしての海外拠点の整備, 商品としての質的な変化, 関連する法制度の変化について, 先行研究から抽出し検討する.

第1項　旅行業者によるサービスの「日本化」への取り組み

　これまで日本の大手旅行業者は, 海外の主要都市や観光地に拠点を設立してきた. 今西(2012b：44)は, その目的について, 旅行素材の仕入れ・手配, 日

本人の旅客誘致，現地の情報収集が主な目的であり，本国（日本）からの送客
を支援し，受け入れるための業務を遂行することであったと指摘した．

　今西（2013：60-61）は，そうした旅行業者の海外進出行動について，次のよ
うに大きく 5 つの時代に区分して，その特徴を検討した．

① 1970 年以前：海外進出開始期
② 1970 年代から 1980 年代前半：海外拠点増設期
③ 1980 年代後半から 1990 年代：海外事業多角化期
④ 1990 年代末から 2000 年代前半：海外事業の整理・再編期
⑤ 2000 年代半ば以降：海外再進出期

　このうち②の「海外拠点増設期」について，今西（2013：60-61）は，この時
期の旅行業者の海外進出は，日本人旅行者向けのサービスを充足するための行
動であったとして，次のように指摘した．日本の旅行業者は，現地に社員を駐
在させ，ランドオペレーターの監督と指導を行うとともに，現地の情報収集，
現地の仕入れを確実に行う必要に迫られた．また，トラブルへの対処と旅行者
への適切な事情説明，VIP の接遇も必要であった．日本人旅行者の生活習慣
や好みに合うサービスについて，国内と同様に海外においても提供できるよう
な体制作り，旅行素材の選定，観光従事者に向けた指導も必要になった（今西，
2013：60-61）．

　また，今西（2012b）は，海外に経営拠点を所有する日本の第 1 種旅行業者全
社の本国親会社を対象に，1998 年と 2006 年に実施した調査結果を比較しなが
ら，本国親会社における国際経営の捉え方の変化について分析し，次のように
指摘した．まず，今西（2012b：47-48）は，日本人向けの旅客誘致を行う日本の
旅行業者がどのようなサービスに重点を置いているか検討し，提供するサービ
スを「日本的なサービス」と「現地的サービス」に大別した．そのうち「日本
的サービス」とは，日本人旅行者が海外においても快適に過ごすことができる
よう，不自由や不安を軽減し，日本人の好みに合う，ないし品質の許容水準を
満たす旅行素材を選択し，提供するというサービスである．他方，「現地的
サービス」とは，現地の醍醐味，現地ならではの旅行素材を選定し，提供する
サービスである（今西，2012b：47-48）．次に，今西（2012b：48）は，調査結果を
もとに，日本的なサービスを重視している旅行業者が多く，かつ，その割合が

高まり，そこに収束する傾向にあることを指摘した．そうした傾向について，今西（2012b：48）は次のように説明した．海外では日本的なサービスは意識しなければ提供されないものであるからこそ，旅行業者はその提供に重点を置く．加えて，航空会社やホテルが直販を強化しており，海外旅行であっても，旅行者が個人で旅程を組み，手配することは難しくなくなった．日本人の旅行経験が豊かになったことも，個人手配を後押しする背景にある．そのため，旅行業者を利用する旅行者は，海外旅行に不慣れな顧客や，以前にも増して旅行業者に利便性を期待する顧客になっている．旅行業者を利用しようという顧客は，不便を嫌い，旅に冒険よりも安心と快適さを求めるとともに，旅行業者に緊急時の対応や安全確保を期待するようになった（今西，2012b：48）．そして，今西（2012b：48-49）は，その結果として，旅行業者は，顧客を獲得するために，いっそう自社を利用するメリットをアピールする必要に迫られているとして次のように指摘した．日本の旅行業者は，日本企業として，日本人の心理を察し，[9)]日本人旅行者に好まれるサービスの提供に一段と留意するようになっている．旅行業者はかねてから顧客の要望に応え，日本的サービスを提供してきた．だた，かつては，そのサービスが自社の強みであるという認識は薄かった．同業他社との差別化を図るための競争力としてだけでなく，「旅行業者離れ」という既存市場を失うことへの恐れも手伝い，旅行業者は自社の強みに対する意識を高めている（今西，2012b：48-49）．以上のように，海外に進出した旅行業者は，日本から送り出した旅行者を海外の旅行目的地においても自社で迎え入れ，自社のサービスでもってもてなすという安心感を押し出す方法で，海外進出していない旅行業者との差別化を図ろうとした（今西，2012b：55）．

　このようなサービスを提供するための現地の体制について，今西（2012b：55-57）は，日本の旅行業者の海外拠点における人的資源および使用される言語について次のように指摘した．海外拠点において，日本の旅行業者の組織には日本人・日系人が多く，このような組織構成になる理由は，海外拠点の主要業務が日本人の旅客誘致であり，日本的サービスの提供を重視するからである．また，（一般の）日本企業の中には，グローバル戦略を掲げる上で，本国親会社内においても会議の言語を英語化する企業がある．しかし，旅行業界においては，むしろ日本語化が進んでいる．パッケージツアーでも，顧客が利用航空会社，座席の配置，ホテルの客室タイプ，オプショナルツアーなど，一部の素材を好みに応じて選択できるようにしてある旅行商品もあり，旅行内容が多様化

している．そのため，旅行グループや旅行者単位で手配内容がこと細かに異なるようなった．このように，手配内容が複雑化したことで，担当者は細やかなリクエストや追加プランを現地に正確に伝えなければならなくなった．業務の複雑化や手配内容の複雑化により，本国側（日本側）にとって使い勝手の良い，都合の良い日本語によるコミュニケーションを海外にも強く求めるようになった（今西，2012b：55-57）．

第2項　廉価商品，スケルトン型商品の限界と質的変化

　海外パッケージツアーの変遷において，スピーディな商品開発と提供の象徴として登場した廉価商品やその代表であるスケルトン型商品は，次のように課題を抱えるようになり，限界を迎えていった．

　まず，スケルトン型ツアーの商品特性について，前述した鬼澤（2011：12）による「スケルトン型ツアーは未完成なツアー」という指摘がある．これを旅行業者から見た場合について，鬼澤（2011：12）は次のように指摘した．スケルトン型ツアーは，商品的，収益的に不完全なツアーであり，フルパッケージ型ツアーと同等の収益を実現するには，相応の旅行素材を販売しなければならない．それは，旅行者が必要とする旅行素材について，オプショナルツアーやミールクーポンのような形態で用意しそれを販売することである．そして，これらのオプショナルツアーやミールクーポンは，本来ツアーとして含まれているべきものであり，当然ツアーブランドの統制のもとになければならないものである．しかし，これらを提供する現地の組織は，ランドオペレーターもしくは同じ会社でも指揮系統の異なる別組織であったりして，一貫したツアーとして統制しにくい実態がある．つまり，スケルトン型ツアーは，確定した旅行素材が少なく，現地で追加される旅行素材は他人任せの内容になりがちであり，パッケージツアー独自のブランドを形成しにくい状況にある（鬼澤，2011：12）．

　また，こうした旅行業者が置かれた状況について，竹中（2011：126）は，「第2次成長期」後半以降，旅行業者の低収益体質が顕著に現れ，その影響はパッケージツアーのラインナップにも波及したとして，次のように指摘した．旅行業者によって異なるものの，大手と呼ばれる総合旅行業者ほど，コスト削減の波を受けて縮小再生産的な動きが見られるようになり，採算性の良くないツアーは切り捨てられ，結果として安全策をとった定番型品揃えとなった．専門特化型旅行社のツアー参加やFITとして行く手段は残されていたものの，全

体的に旅行者にとっては選択の幅が狭まった（竹中，2011：126）．

　さらに，竹中（2011：126）は，海外旅行者数が増えて価格競争が激化するに伴い，旅行内容の不透明な問題が顕在化するようになった点について，次のように指摘した．旅行単体で十分な収益が保てず，旅行業者はショッピングの手数料やオプショナルツアー収入などへの依存度を高めた．その結果，旅行者は，内容に透明でないものを感じるようになった．このような慣習が続くことで，旅行者の感じる不透明感が不信感に変わり，不信感が苦情に発展していく素地を作っていった（竹中，2011：126）．そして，井原（2003：70）は，旅行業界が顧客ニーズの探索と新商品の開発に関してあまり熱心に取り組んでこなかった理由のひとつに，商品開発に関するリスクが製造業に比べて低いことをあげ，商品が売れなくても宿泊施設や輸送業者が引き取るケースが多く，パンフレット作成が中心になりがちで「下手な鉄砲」方式で顧客を無視した新商品の乱売が行われていると指摘した．

　こうした流れの中で，パッケージツアーの価格の引き下げに伴う，さまざまな弊害が生じてくる．

　石崎（2008：89）は，パッケージツアーの低価格を実現する方法として，または低価格戦略の結果としての赤字を埋めるひとつの有力な手段として，土産物店からのコミッションなどを指摘した．その実例として，特にランドオペレーター間の競争の激しい東南アジア地域などでは，コミッションを確保するために市内観光と称しながら，観光の時間よりショッピングの時間が長かったり，1日に6店ものショッピングが組み込まれていて，これをキャンセルすると「罰金」を徴収したりということもあったと指摘している．また，1970年代までのアジア各国における買春あっせんも同様であるとした．

　竹中（2011：126）は，低価格化の流れにおける添乗員について次のように指摘した．竹中（2011：126）が海外パッケージツアーの第2次成長期（1986年〜1997年）と名付けた時期の初期の段階では，旅行業者の社員添乗員が多く，経験度や語学力に問題がある場合が多かったものの，会社への帰属意識などによる丁寧なサービスでカバーしていた．しかし，急増する旅行者に比例して添乗員数も同時に増えるため，派遣添乗員が登場する．優秀なプロ添乗員が多く生まれた一方で，急場しのぎの人選も多く，添乗の原点たるホスピタリティが崩れ始め，旅行サービスの質を低下させた（竹中，2011：126）．

　また，竹中（2011：126-127）は，現地におけるガイドや送迎係員といった人

的サービスについて次のように指摘した．添乗員と状況は同じで，急増する旅行者に対応が間に合わず，サービスレベルが低下していった．特にガイドはライセンス制の国が多く，評判の良くない者でも使わざるを得なかった．その一方，これら人的サービス以外についても，価格競争激化に伴い，食事やホテルといった旅行を構成する基幹要素も原価圧縮の対象となり，質の低下が進んだ（竹中，2011：126-127）．

　こうした添乗員やガイドなどの実態について，石崎（2008：90）は次のように指摘した．韓国へのパッケージツアーにおいて，当初は日本からの添乗員と現地での係員やガイドなど，複数の人数での対応が一般的となった．しかし，日本人観光客リピーター比率が高まるにつれ，より自由度の高い旅行を求める旅行者の要望と，少しでもコストを下げたい日本の旅行業者（ツアーオペレーター）と思惑が重なり，現在では多くの場合，現地ガイドがガイドとしての役割とツアーコンダクターとしての役割を兼任する形が一般的である．しかし，充分な報酬が支払われないことから質の良いガイドが集まりにくくなり，それがさらに旅行者の不満を高めるという悪循環に陥った．また，クレームが生じた場合も，基本的にその対応はランドオペレーターに任されており，責任は重くなる一方で，コストは切り下げられるという状況にも陥った．しかし，そこからランドオペレーターが自力で抜け出すことができず，逆に単価の減少を旅行者数で補うという安易な方法がとられ，少しでも送客を増やしてもらうために，よりさらに旅行業者（ツアーオペレーター）依存度を高めるという従属構造が続いた（石崎，2008：90）．

　以上のように，スケルトン型など低価格のパッケージツアーに限界が見られるようになり，旅行業界として次のような変化や課題が生じるようになった．

　竹中（2011：127）は，この変化について次のように指摘した．航空座席などの供給増加に伴い，旅行業者や航空会社は「数」を追求するようになっていく．これは，海外旅行の大衆化に繋がった反面，旅行業者の収益性低下，品質の低下，過重労働などを招き，その後の業界体質に大きな悪影響を及ぼすことになった．商品の品質低下や不透明感が進むにつれ旅行者からの苦情も増加し，やがて旅行業法・約款の改正を生み，「旅程保証」といった業界にとって厳しい法規に縛られていくことになった．そして，この「旅程保証」は，非グローバル・スタンダードの象徴的存在として，海外のサプライヤーからの非難の原因となり，仕入や商品造成面で支障を来たしてきた（竹中，2011：127）．

　また，狩野（2008b：82）は，1990 年代以降のパッケージツアーを取り上げ次のように指摘した．ますます多様化するニーズに対応した多品種少量商品の造成のためには，ニーズを満たすような質の良い旅行素材を安く仕入れることが必要で，質の点からいえば，規模の経済の追求だけではやはり限界がある．JTB によるランドオペレーターの買収[10]を事例に，スケール・メリットを追求することにより，仕入れ力を強め，価格競争力をもった商品を作る時代から，仕入れ力そのものを強化すると同時に，旅行素材そのものの質を向上させることにより，商品に競争力を持たせる時代へと，次の段階の競争が始まった．販売力が重要な時代から，仕入れ力が重要な時代の変化であり，旅行業界の戦略も量から質への転換が始まったといえる（狩野，2008b：82）．

　さらに，吉田（2016：99-110）は，旅行業者・旅行商品と旅行素材・観光素材との関係の変化ついて，次のように指摘した．旅行商品は，交通，宿泊などの「旅行素材」，観光施設，観光資源などの「観光素材」，店舗での接客，添乗員，現地受入体制などの「旅行業者自体が提供するサービス」から構成される．また，旅行商品は旅行業者が主導して造成されるのが普通である．しかし，観光素材や旅行素材の誘引力（魅力や機能の優秀さ）によって，旅行商品の自由な造成を許さないケースが生まれてきている（吉田，2016：99-110）．吉田（2016：99-110）はこれを「旅行商品を崩すもの」と呼んで，具体的な例として 5 つのケースをあげている（表4-3）．そのうち，旭山動物園（北海道旭川市）について，吉田（2016：99-100）は次のように指摘している．旭山動物園は，パッケージツアーなどで行程に入れざるを得ない，またパンフレットの表紙に写真を必ず載せるほどの人気・知名度であるものの，現在のような盛況を予想せず建てられた園内のレストラン，土産物店は大きく混雑していて，旅行業者にとって取り扱いにくい観光素材である．パッケージツアーでの課題については，昼食をどうするか，混雑にどう耐えるかなど，困難な問題が生起していて，今後の展望として，パッケージツアーに組み込むことがやがて難しくなる可能性がある（吉田，2016：99-110）．

表 4-3　旅行商品の自由な造成を許さない 5 つのケース

観光資源	原因・現状	課題・展望
旭山動物園	• 現在の盛況を予想せず建てられた園内のレストラン，土産物店の混雑 • パッケージツアーなどで行程に入れざるを得ない，またパンフレットの表紙に写真を必ず載せるほどの人気・知名度	• 昼食をどうするか，混雑にどう耐えるかなど，旅行業者にとって困難な問題が生起 • 旅行商品に組み込むことがやがて難しくなる可能性
黒川温泉	• 一部を除き，旅館が小規模で部屋数の少なく，カラオケや宴会場など団体向けの施設がないため，旅行商品化が困難 • 団体客に対する拒否反応を示す一部の経営者の存在 • 旅行業者がパッケージツアーなどで集客を図る上で貴重な材料 • 旅行商品を構成する単なる旅行素材・観光媒体ではなく，そこに泊まること自体が目的となる観光対象 • 同じパッケージツアー内で，異なる何軒かの旅館に分宿	• 「旅行業者が旅行商品を造成する」という常識が分宿という形で崩壊 • 小規模の温泉地でも源泉かけ流しを武器に旅行業者の商品造成の常識を覆すことが比較的可能
モアナ・サーフライダー・ホテル（ワイキキ）	• 単なる旅行素材ではなく，それ自体が目的となる観光対象 • そこに泊まることで経験価値が感受されるような商品として登場（JAL パック） • 旅行業者はホテル側の販売戦略（特典や割引）を活用して，自社独自のサービスとして翻訳	• 旅行者が旅行商品の構成要素を直接予約することが可能な時代 • 旅行業者が造成した旅行商品の構成要素，旅行素材や観光素材によって自らの仲介をカット
はとバス	• 運輸機関「はとバス」としての定期運送約款による定期観光バスのコースと，旅行業者「はとバス」としての募集型企画旅行のコースとが混在 • 東京にどれほど観光対象となるような場所・ものがあるかの百科事典 • 本来大手旅行業者などが考案すべき（旅行商品としての）内容を，もともと運輸機関であった「はとバス」が自ら観光内容として商品化 • 「はとバス」の旅行業者としての性格も，着地型観光の，東京という特殊な事例における成功のケース	• 東京は，旅行業者が造成する旅行商品を結果的に崩す作用 • 東京は飛行機と宿泊施設のみを確保してやって来る旅行者に自社製品としての着地型観光商品を販売

九州新幹線とクルーズトレイン 「ななつ星in九州」	・「ななつ星 in 九州」は，圧倒的な人気となったため旅行業者が旅行素材として旅行商品に組み込むのは難しいような現状 ・「ななつ星 in 九州」は，旅行商品を崩す存在というよりまったく独立した観光商品，あるいは旅行商品として位置付けるべき存在 ・観光対象として観光客の旅行目的と一体になっており，JR九州の意図とは関わりなく，旅行商品に組み込まれることを物理的に拒否するケースも発生	・JR各社が異なる発想に立つことも可能 ・JR東日本も JR西日本も独自ブランドとして観光対象であるよりは，旅行業者が造成する旅行商品の構成要素であることを望んだり，あくまで移動手段としての豪華さ，すなわち観光媒体に留まろうとしている点で「ななつ星」のブランド・アイデンティティとは大きく相違

（出典）吉田（2016：99-110）を元に筆者作成.

第3項　関連法の制定・改正とパッケージツアー

　次に，パッケージツアーに関連する法律について，その制定と改正に関する先行研究を検討する.

　廣岡（2003）は，1952 年の「旅行あっ旋業法」の制定と 1971 年以降の「旅行業法」の改正について，その内容と当時の社会的環境について検討した.

　まず，旅行あっ旋業法の制定について，廣岡（2003：119-120）は次のように指摘した. この法律は，悪質業者の排除という消費者保護が動機のひとつとなっていて，さらに 1971 年の改正では取引法的，助成法的な性格を大幅に盛り込んだ. それ以降の改正についても基本的に改正ごとに消費者保護が強化された. 廣岡（2003：119-120）は，このような制定・改正の要因として，消費者による働きかけの結果というよりも，むしろその他の影響や動機が作用したのではないかと指摘した.

　廣岡（2003：125-126）は，1971 年の旅行業法への改正が行われた背景について，その前後の観光をめぐる社会環境に着目し，次のように指摘した. 1970年の大阪万国博覧会は，旅行への親しみが全国的に広がる契機となった. また旅行の大衆化に一段と拍車がかかり，従来の団体旅行から家族・小グループ旅行への変化が生まれた. そして，万博終了後には，国鉄によって「ディスカバー・ジャパン」が展開された. 海外旅行をめぐっては，前述したように，従来の航空会社が主導してきたパッケージツアーにおいて，1968 年に日本交通

公社と日本通運が共同でルックを開発・販売した．また，1969年のバルク運賃の導入，1970年のボーイング747（ジャンボジェット機）の日本就航などによりパッケージツアーの料金が大きく引き下げられた．さらに，1971年に初めてアウトバウンドがインバウンドを上回った．特に個人で参加できるパッケージツアーが登場したことで，従来の団体旅行と違って個人が直接旅行業者と取り引きが必要になった（廣岡，2003：119-120）．しかし，廣岡（2003：125-126）によれば，消費者が旅行契約について十分な知識を持っていないことが多く，こうした消費者を保護する必要性が発生してきた．

　さらに，廣岡（2005b：108-110）は，1982年と1995年の旅行業法の改正の背景について，次のように指摘した．1982年の改正は，1971年の改正からの変化として特に海外旅行者数の増大があり，この背景として前述のようなバルク運賃の導入やジャンボジェット機の登場があった．そして何より海外旅行の低価格化が実現した．この海外旅行の低価格は具体的にはパッケージツアーで実現され，各社からさまざまなブランド名が冠された商品が発売された．そして，海外パッケージツアーの大量生産と海外旅行者数の爆発的増加が同時に展開した（廣岡，2005b：108-110）．さらに，廣岡（2005b：112-114）によると，1995年の改正の背景として，新聞広告を利用したメディア販売の拡大，それに対抗するための低価格の第2ブランドの開発，格安航空券の登場などがあった．その結果，海外旅行は非常に身近になっていった．しかし，同時に消費者と旅行業者とのあいだでのトラブルも発生し，例えばパッケージツアーで提供されるサービスの最終的な責任は誰が負っているのかが曖昧になるケースもあった（廣岡，2005b：112-114）．

　以上のように，旅行あっ旋業法と旅行業法は，旅行業と人びとの観光の状況にあわせて，また，消費者保護など，それぞれの時代ごとの課題に対応すべく，改正が加えられてきたことが分かる．

第3節　日本人の旅行スタイルの変化と海外パッケージツアーの変遷

　第3節では，日本のパッケージツアーについて，日本人の旅行スタイルや志向の変化，観光者の成長について，先行研究を検討する．

第1項　製品ライフサイクル理論と海外パッケージツアー

　鈴木（2003：62-64）は，海外パッケージツアーについて，マーケティング論における製品ライフサイクル理論[11]の視点から，それぞれが衰退期を迎えた要因について，実例をもとに次の5つの点について指摘した（表4-4）．

(1) パッケージツアーにおける日本人の旅行スタイルの変化[12]

① 短期化

　1980年代までパッケージツアーのパンフレットには，さまざまな周遊型の商品が掲載されていた．しかし，航空運賃の低廉化，旅行客のリピーター化，休暇取得の容易化によって，一度に多くの観光地を巡らなくても済むようになり，「安・近・短」（安い・近い・短期間），さらに「安・遠・短」（安い・遠い・短期間）現象が拡大した（鈴木，2003：62-64）．

② モノ・デスティネーション化（単一目的地化）

　「数カ国」周遊から「単一国・地」にツアーを絞る傾向を「モノ・デスティネーション化（単一目的地化）」として指摘した．さらにこの傾向について，パッケージツアーのみならず一般の団体旅行でも同様のブームを引き起こした（鈴木，2003：62-64）．

　この現象の中では，従来は周遊の目的地であった地理的に近接している複数のエリアが，訴求マーケットがまったく異なるという理由で，現在では別々のパンフレット，商品となっているケースがある（鈴木，2003：62-64）．

③ フリー化

　日本からの距離に関係なく添乗員付きが当たり前であったが，ツアー料金格安化の手法，リピーター化の現出，海外での手配・斡旋ネットワークの完備などで，添乗員なしツアーが登場し拡大した（鈴木，2003：62-64）．

　逆に「観光付き・添乗員付きツアー」は，熟年・高年に限っては成長期，成熟期にある（鈴木，2003：62-64）．

④ ショッピングなし化

　免税品などショッピングを目的にスケジュールの最後に香港訪問が設定されたツアーを取り上げ，アジア方面をはじめ，ヨーロッパ方面のツアーでも設定されるほど人気があったものの，リピーターの増加により免税品購入の意欲が薄れ，このようなスケジュールのツアーが減少した（鈴木，2003：62-64）．

表 4-4　「衰退期」ツアーと要因（ルック JTB 1968〜2002 年　34 年間）

項目 要因	変化内容	「衰退期」上の ツアー商品	代替的ツアー商品	成長時期 または 成熟時期
日本人のライフ・スタイルの変化	短期化	各方面 3 週間（長期間ツアー）	1 週間〜2 週間の短縮ツアー	1960 年代後半〜1980 年代後半
	モノ・デスティネーション化（単一目的地化）	ヨーロッパ周遊 22 日間（ロンドン，パリ，ローマ，ジュネーブなど） シンガポール・バンコク・香港 6 日間周遊 オーストラリア・ニュージーランド 20 日間 アメリカ西海岸＋ハワイ周遊	「都市・地域」一箇所ツアーに変更（モノ・ステイ型） 欧州・シンガポール・バンコク・香港・オーストラリア・ニュージーランド・ロサンゼルス・サンフランシスコ・ハワイ	1960 年代後半〜1980 年代後半
	フリー化	添乗員付きツアー（安・近・短型およびリゾート型）	添乗員なしツアー	1960 年代後半〜1980 年代前半
		観光付き・食事付きツアー	スケルトン型ツアー	1960 年代後半〜1980 年代前半
	ショッピングなし化	香港経由ツアー（主として免税品購入）	目的地から直行便による帰国ツアー	1960 年代後半〜1980 年代前半
技術革新	「航空機」 高速化 大型化 長距離飛行化	「ソ連セット」ツアー	欧州スケルトン・ツアー（フリー型） 格安航空券	1960 年代後半〜1970 年代前半
		「アメリカ西海岸＋ハワイ」ツアー（サンフランシスコ・ロサンゼルス・ラスベガス）	アメリカ西海岸直行ツアー	1960 年代後半〜1990 年代前半
競合	新デスティネーション開発	「シドニー・キャンベラ・メルボルン」周遊	「ゴールドコースト」や「ケアンズ」（モノ・ステイ型）	1970 年代〜1980 年代前半
環境	環境劣化	「パタヤ・ツアー」（タイ）例：「二人だけのハネムーン・パタヤ」	プーケット・ツアー	1970 年代後半〜1980 年代前半

（出典）鈴木（2003：63）.

(2) 技術革新による高速化・大型化・長距離飛行化

ソ連やアメリカ＋ハワイなど，移動距離の長い周遊型ツアーを事例にして，航空機の高速化・大型化・長距離飛行化による航空運賃の低廉化によって，商品が衰退期を経て商品排除の段階をたどり，さらにそれが旅行業の組織改編にも影響を及ぼした（鈴木，2003：62-64）．

(3) 競合

オーストラリアを事例にして，日本人の関心が従来の歴史，都市観光からビーチ・リゾートへ変化したことで，同じ国・地域内でありながら競合が派生し，その結果従来型の商品が衰退期から商品削除の段階となった（鈴木，2003：62-64）．

(4) 環境

タイのパタヤ海岸の「環境劣化」を事例にして，環境劣化が商品および観光地ライフサイクルの衰退期，さらには撤退（商品削除）を導いた主要因となるケースがあった（鈴木，2003：62-64）．

(5) その他

その他として，政治的，経済的，人為的，自然的などの要因から，一時的な「衰退期」現象を招くケースがあった（鈴木，2003：62-64）．

さらに日本人の海外パッケージツアーのライフサイクルには，商品ライフサイクル，目的地ライフサイクル，商品サービスライフ・サイクルがあると指摘している．これは，ライフサイクルが何か1つの要因だけで決まるのではなく，これら3つの要素の関係の中で決まる（鈴木，2003：62-64）．

以上のような鈴木（2003：62-64）の指摘によって，海外旅行経験の成熟化，航空機の大型化などの技術革新，目的地の競合関係，環境問題，その他からの影響によって，「衰退」を含むパッケージツアーの変化が生じることが分かる．

第2項 「旅行の個人志向化」と「自律的な観光者」

海外パッケージツアーについて，観光者とその旅行経験に着目した先行研究を検討する．

そのうち，髙井（2013）は，近年の日本人の海外旅行の特徴として「個人志

向化」をあげ，旅行経験の蓄積にともなう観光者個々人の内的な変化の視点，特に観光者と旅行業との関わり方の変化，すなわち「個々の観光者の成長[13]」の視点から議論した．

　まず，髙井（2013：44-45）は，海外旅行の個人志向化について，旅行業者が旅行に関わる「部品」をすべて用意して作り上げた「完成品」としてのパッケージツアーではなく，観光者自らが好みの部品を組み立てて創り上げる「手作り旅行」を求めることであるとし，1990 年代以降に特に顕著になったと指摘した．また，日本人海外旅行市場の傾向に関する報告書などのデータの分析から，この個人志向化は，概して海外旅行経験回数が増えるにつれて個人志向が高まっており，特に経験回数 10 回以上の集団において，個人志向が強いと指摘した（髙井，2013：44）．その上で，海外旅行のリピーター化が進んだことが個人志向化に影響しており，日本人が海外旅行経験を重ねてきたことの結果として，「自分自身で作り上げた旅行がしたい」という欲求が高まっていると考えられるとした（髙井，2013：44）．さらに，国内旅行でも同様の傾向があるものの，海外への旅行は国内旅行に比べ，言葉や生活，文化，習慣の違いなどから，旅行業への依存度は高くならざるを得ないという性質を考慮に入れると，海外旅行における個人志向化は，注目に値する現象といえると指摘した（髙井，2013：45）．

　次に，髙井（2013：51-52）は，Pearce and Moscardo（1985）の「旅行キャリア（travel career）」，Pearce（1988）の「旅行キャリアモデル（travel career model）」，Pearce and Lee（2005）の「旅行キャリアパターン（travel career pattern）」などをふまえ，これまでの「旅行キャリア」の最高到達レベルを上限として，すなわち，観光者はその時々に自分が置かれた社会的・経済的・物理的・心理的状況に応じて，その旅行欲求レベルを自由に昇降すると推論した上で次のように指摘した．観光者は，ある時点まではより高次な欲求に向かうものの，やがて自分の守備範囲内で柔軟に行動するようになり，旅行業への依存度も一方的に自立の方向に向かうのではなく，その時々の欲求レベルによって意識的に操作する多面性と自由自在性を備えるようになる．そして，こうした観光者像をめぐって，旅行経験を積んだからといって，すべての個人がすべての場合に個人志向になるとは限らず，左記のような先行研究が想定している究極の観光者像が「自立的（＝自分だけで物事を行う）」であるのに対し，髙井が想定している成長する観光者像は「自律的」，すなわち旅行業との関わり方を自由自在に

自分で仕切る観光者であるとした.

　続いて, 髙井 (2013：52-61) は, イギリスおよび日本での調査事例に基づいて, 観光者の成長過程を「自律的な観光者」概念と関連づけながら議論した. そして, イギリスでの質問紙調査の結果から, 回答者 (表4-5) の海外旅行参加形態変遷の様態を比較し, そのパターンから回答者を次の3型に分類した (髙井, 2013：52-55).

① 個人型：常に完全個人手配旅行をしている場合
② 自由自在型：旅行形態に一貫性がなく, 多様な形態を使い分けている場合
③ キャリア途上型：パッケージツアーから個人旅行へ移行し, 逆行が見られない場合

その上で次のように指摘した (髙井, 2013：52-61).

表4-5　英国での質問紙調査における回答者の分類

海外旅行参加形態の分類	内　　容
A. フルパッケージ	全行程がすべて固定され, 観光ルート, 観光の内容, 食事などがすべて決められている.
B. フリータイム付きパッケージ	上記フルパッケージよりも自由時間が多いパッケージ
C. スケルトン型パッケージ	渡航手段と宿泊先のみがパッケージされ (現地の空港と宿泊先間の送迎が含まれる場合あり), 現地での行動はすべて自由なもの
D. 準個人旅行	渡航手段, 宿泊先, 旅行期間, 出国および帰国日について旅行業者が用意したリストの中から選択し組み合わせ, パッケージとして購入するもの
E. 完全個人手配旅行	渡航手段, 宿泊先を自分で手配 (航空会社, ホテルなどから別々に直接購入する場合, 旅行業者経由で購入する場合, ウェブ上の旅行サイトなどから購入する場合などが考えられる. 購入ルート, 購入方法, 選択肢は完全に個人の自由裁量)
F. 依存型個人手配旅行	渡航手段および (または) 宿泊先を訪問先に居住する家族, 親戚, 知人, 友人などが手配したもの
G. その他	上記のどれにも当てはまらないもの

(出典) 髙井 (2013：54).

- キャリア途上型が示すように，旅行キャリアモデルが想定したような旅行経験の蓄積によるパッケージから個人旅行への移行が起こる．
- しかし，自由自在型が示すように，旅行経験の蓄積が旅行形態の一方向の変化には必ずしも結びつかない場合もある．自由自在型は「自律的な観光者」像を体現したグループと考えられる．
- 海外旅行経験量の豊富な観光者は，個人型または自由自在型に分化する傾向が見られる．

　そして，髙井（2013：55-56）は，この調査結果をもとに，日本で面接調査を行い，イギリスでの調査で抽出された 3 型に新たな 1 型「パッケージツアー依存型」を加えた 4 型（表 4-6）という結論を得て，この分類を「動態的な観光者分類」と呼んだ（図 4-2）．調査結果の中で，特に「Ⅳ．自由自在型」について，意外にもその旅行観が実際には個人旅行志向であったことで，「Ⅲ．個人型」と類似しパッケージツアーに対しても負のイメージを持っているのにも関わらず，それでも場合によってパッケージツアーの利用を選択するのは，①価格比較，②特化された目的の旅行（SIT），③旅行業による「環境の泡」への依存が必要な場合，という 3 つの要素を考慮したからである[14]（髙井，2013：58）．

　その上で，髙井（2013：59）は，先行研究の議論を踏まえて想定した「自律的な観光者像」について，面接調査の結果から，旅行キャリアレベルの最上位にある「完全に自由行動できる個人旅行による自己実現」を理想の状態と考え，そのような旅行を実行するだけの経験やスキルを持ちながらも，個々の旅行の状況次第では合理的な選択として旅行業に依存した旅行形態も受け入れ，それぞれの旅行から最大限の満足を得ようとする人びと，と再定義した．

　以上のような議論を経て，髙井（2013：59-61）は，図 4-3 のような観光者の成長段階モデルを示した[15]．その中で，「Ⅲ．個人型」に該当した人が今後「Ⅳ．自由自在型」になっていく可能性を指摘し，旅行業者のサイト上で利用者が交通や宿泊などを自由に組み合わせて作るダイナミック・パッケージなどの登場を背景に，「Ⅲ．個人型」が尊重する「主体性」を損なうことなく，価格面では有利なパッケージを購入する可能性が大いにあるとした（髙井，2013：59）．また，「旅行経験の蓄積による個人志向化」を旅行形態の変化の視点から捉えるだけでは市場全体の変化の本質を見誤ると指摘した上で，観光者にとっての

表 4-6　動態的な観光者分類

分　類	海 外 旅 行 観
Ⅰ.バッケージ依存型	・「言語への不安」「自分への自身のなさ」「バッケージの利便性」が共通コードに出現 ・いまのところまだスケルトン型や個人旅行を選択する自信なし
Ⅱ.キャリア途上型	・フルパッケージからフリータイム型パッケージへ，さらにスケルトン型パッケージへと移行している人たち ・自ら積極的に旅行に関わっていく「主体性」の重要性への気付き ・「Ⅰ.パッケージ依存型」の延長線上にあって観光者として一段階成長が進んだ状態 ・海外旅行経験の蓄積が新たな旅行経験への欲求を刺激，その刺激が旅行参加形態に影響を与えつつある段階 ・今後「Ⅲ.個人型」や「Ⅳ.自由自在型」に移行する萌芽あり
Ⅲ.個人型	・旅行の計画および実行段階での主役は自分 ・一定の能力とスキルが必要であり，事前の情報収集や学習（渡航手段，言語，訪問地の自然，文化，歴史，地理など）が重要 ・実行段階においては自由行動志向が強く，パッケージ旅行に対して否定的な見方 ・個人旅行はパッケージ旅行の対極にあり，常に個人旅行で海外に行きたいという志向 ・旅行中のトラブルや予想外の出来事に対しても「海外個人旅行ならではの経験」として肯定的，そのような経験も含めて，成し遂げたことによる達成感や自己実現感を獲得 ・自分への自信が高まり，個人旅行へのロイヤリティが深化
Ⅳ.自由自在型	・個人旅行志向の旅行観 ・強い自由行動志向，旅行における「主体性」を重視，旅行を通しての自己実現のレベルに到達 ・一般的にはパッケージ旅行に対する負のイメージを持っているが，それにも関わらず，場合によってはパッケージ旅行を選択 ・パッケージを選択した際に考慮した要素は，価格比較，特化された目的の旅行（スペシャル・インタレスト・ツアー，SIT），旅行業による「環境の泡」への依存の必要性

（出典）髙井（2013：55-59）を元に筆者作成.

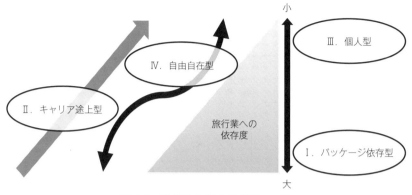

図 4-2　動態的な観光者分類の 4 型

（出典）髙井（2013：56）.

図 4-3　観光者の成長段階

（出典）髙井（2013：60）.

ボトムラインは「自分にとって価値のある旅行を経験し，そこからできる限りの満足を得ること」であると指摘した．さらに，個々の観光者にとって価値のある旅行は異なるとした上で，その時々に適った，自分にとっての価値ある旅行とはどのようなものか，そのために自分にとっての外部存在である旅行業とどう関わるか，その舵取りができる自律性こそが「旅行の個人志向化」の本質であり，観光者の二分論で捉えられない，成長した観光者の特徴であると指摘した．

　以上のような髙井（2013）の指摘によって，観光者と旅行業者の関係は，旅行経験と比例して希薄になるという段階を経て，観光者が状況に応じて，自律的に旅行業者との関係を変化させることが分かった．

注

1）株式会社ジャルパック「企業情報　沿革」http://jalpak.jp/history/（2018 年 12 月 23 日閲覧）

2）株式会社 JTB「会社概要　沿革」https://www.jtbcorp.jp/jp/company/history/（2018 年 12 月 23 日閲覧）

3）GIT（Group Inclusive Tour Fare）は，パッケージツアーや団体旅行用の団体包括旅行運賃のことで，旅行業者がホテルや送迎，観光などと組み合わせて販売することを条件にした割引運賃である．

4）バルク運賃とは，航空会社が旅行業者に一定数の座席をまとめて販売することを前提とした割引運賃のことである．

5）こうした旅行市場の変化に対応する形で関連する法律，すなわち旅行業法が改正された．これについては，本章第 2 節第 3 項において，廣岡（2003）および廣岡（2005b）をもとに確認する．

6）現地空港到着時のおしぼりサービス，ハネムーナーへの現地でのビデオ撮影，熟年夫婦への和食（素麺など）の提供など（竹中，2011：126）．

7）狩野（2008：56）は，その例として TPC（Travel Parts Center）とクラブエキスプレスを指摘した．

8）IT 運賃（Inclusive Tour Fare）とは，旅行業者がホテルや送迎，観光などと組み合わせて販売することを前提にした割引運賃である．既出の GIT はそのひとつである．

9）竹中（2011：125）は，これを「日本人特有のメンタリティ」と表現した．

10）狩野（2008b：82）では「海外ホールセラー」と表記しているものの，本研究では買収対象企業の実態に合わせて「ランドオペレーター」と表記する．

11）鈴木（2003）は，「商品ライフ・サイクル論」と表記しているものの，本研究では筆者の判断で「製品ライフサイクル理論」とした．

12）鈴木（2003）は，「日本人のライフ・スタイル変化」と表現しているものの，実際には旅行への姿勢や態度，関心といった内容のため，本研究では筆者の判断で「日本人の旅行スタイルの変化」と変更した．

13）髙井（2013：43）は，旅行業の基本的な機能について，旅行に関わるさまざまな商品やサービスをパッケージツアーとして提供し，安心して旅行できるようにしてくれることであるとした上で，言葉も習慣も分からない初めての外国で，まるで「子ども」のような観光者にとって，旅行業者は「頼れる母親」のような存在であると指摘し，「個々の観光者の成長」について「頼れる母親」からの「子ども」の巣立ちや自立と表現した．

14）髙井（2013：47-48）によると，Cohen（1972）が旅行における「熟知性」が旅行業による「旅行の企画化」によって保障されることを指して「環境の泡（environmental bubble）」と呼び，旅行業による規格化の度合いは，観光者が「環境の泡」によって訪問先社会から隔離される度合いであり，それが旅行経験の質に影響を与えると指摘した．

15）図2-3の観光者の成長段階モデルにおいて，髙井（2013：61）が「旅行業機能」と呼んでいるのは，「旅行素材を仕入れてパッケージ商品化し，粗利を上乗せして販売する」という伝統的な旅行業の基本的ビジネスモデルである．

第5章　製品アーキテクチャ論から見た
　　　　パッケージツアーの分析視点と競争の焦点

　第5章では，第2章から第3章，第4章において，それぞれ先行研究を検討した結果を踏まえて，パッケージツアーに関する分析視点と競争の焦点について，製品アーキテクチャの視点から検討する．特に，パッケージツアーの商品としての構造・構成について分析する際の視点については，製品アーキテクチャのダイナミックな変化の観点から検討する．

第1節　パッケージツアーの構造と特性に関する分析視点

　本節では，パッケージツアーについて，モジュールである旅行素材のインターフェース等の基本的な構造，製品アーキテクチャ論，イノベーションを引き起こす特性，という3つの視点から，これまでの先行研究の検討を踏まえて分析し，パッケージツアーの商品としての特徴を検討する．

第1項　基本的な構造とインターフェース

　パッケージツアーを完成品と見立てた場合，交通や宿泊，飲食などの旅行サービスは，その素材や材料，部品，すなわちモジュールに該当する．そうした旅行サービスを提供する企業であるサプライヤーは，パッケージツアーの「部品メーカー」であり，旅行業者は「組み立てメーカー」であるといえる．本項では，製品アーキテクチャの視点から検討するために，旅行サービス，旅行素材をモジュールと表現する．

　パッケージツアーについて，製品アーキテクチャの視点から見ると，その主要なモジュールである交通や宿泊のサービスの多くは，さまざまな旅行業者またはパッケージツアー（旅行企画）に対応している．言い換えれば，特定の旅行業者が独占する，あるいは特定の旅行業者だけに供給されるわけではない．これは，観光目的となる観光資源や観光施設である「観光素材」も同様である．

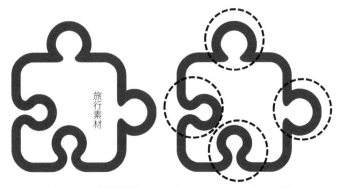

図 5-1　旅行素材のインターフェースのイメージ

（注）点線の丸で囲った部分がインターフェース.

　以上のことから，パッケージツアーのモジュールは，そのインターフェースがオープンで共通化しており（図5-1），どの旅行業者でも，どのパッケージツアーでも，モジュールを組み合わせて商品を作ることが可能であるといえる（図5-2）．また，同じ視点から考えると，パッケージツアーを利用しない一般の観光者とも直接取引が可能である（図5-3）．

　こうした性質について，例外があるとすれば，資本関係や企業系列，契約等によって，特定の旅行業者による独占や限定が行われる場合である．つまり，サプライヤーが特別な関係にある旅行業者のみにモジュールの供給を行う可能性，もしくは何らかの便宜を図る場合である．そうした旅行業者とサプライヤーの特別な関係を理由に，一般の旅行業者に対して意図的にモジュールを供給しない，または供給自体やその方法において制限を加える，すなわち事実上インターフェースを閉じることができる．その結果として，モジュールの供給を受けることのできる旅行業者は，パッケージツアーにユニークな特徴を持たせることができる．

　さらに，パッケージツアーの設計構想である旅行企画は，一度パンフレットや新聞広告，ウェブサイトなどの形で世の中に示されると，その概要が公開されることになり，ライバル他社が少なくとも目的地やテーマ，使用するモジュールなど，基本的な構造・構成に関する情報を入手可能になる．モジュールの多くでそのインターフェースがオープンであると仮定すると，旅行企画までもが公開されると，同一または類似した商品を作ることが可能になる．その

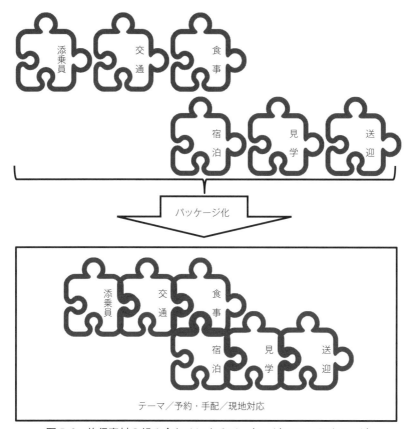

図 5-2　旅行素材の組み合わせによるパッケージツアーのイメージ

点について，狩野（2008b：76-77）は，パッケージツアーの差別化について，特
定のセグメントをターゲットにすることや，サービスの質を向上させて付加価
値をつけることなどがあるものの，価格競争が主眼にならざるを得ない点を指
摘し，どの旅行業者も同じようなサプライヤーから仕入れを行い，パンフレッ
トのような媒体をとおして販売されるため，パッケージツアーは可視化され，
商品の同質化が起きやすく，同じような商品なら低価格であることが競争優位
の重要なポイントになると指摘した．

　以上のことから，パッケージツアーは，それを構成するモジュールである旅
行素材の特性から，その製品アーキテクチャは基本的にオープン型，モジュ

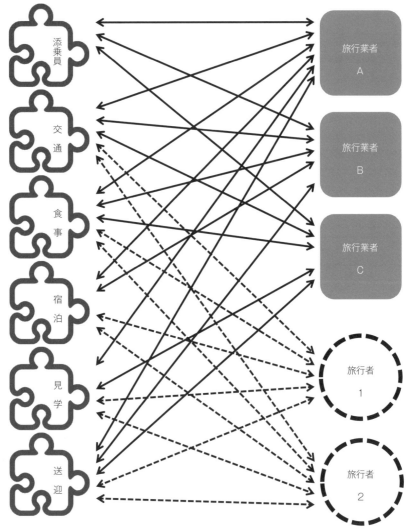

図5-3　旅行素材と旅行業者・旅行者との取引関係イメージ

ラー型になりやすい性質があると指摘できる．また，低価格が競争優位のポイントになるため，それ以外では，インテグラル型やクローズ型を目指す方法があることが指摘できる．

第2項　パッケージツアーにおけるイノベーションの対象

　パッケージツアーの構造・構成について，小林（2010：67-71）は，イノベーションを引き起こすパッケージツアーの特性という視点から，観光の経験自体は流通せず，消費可能な素材のみがパッケージツアーとして取り込まれていると指摘した．また，前田（2015［1995］：93-94）は，商品としてのパッケージツアーの性格をめぐって，商品の"外側（旅程や利用施設条件）"と"中身（旅行の快適さや楽しさ）"に分けて，そのうち「中身」は販売できないと指摘した．さらに，「中身」のうち「観光経験」は，観光者と利用した施設やサービスとの相互作用によって決まると指摘した．これらの指摘に関連して，廣岡（2007：39）は，旅行業者が提供するという点でみると，すべての要素がパッケージされている訳ではないと指摘している．

　また，廣岡（2007：46-52）は，パッケージツアーにおける旅行業者の機能・役割について，「統整」という造語で表現し次のように指摘した．「統整」とは，パッケージツアーの各要素が相互に適切に作用するための操作で，旅行業者が自ら提供するサービスのひとつであり，"効果的な「統整」"は旅行業者の重要な役割である．

　以上のような指摘から，パッケージツアーは，旅行業者による「統整」のもと，「消費可能な素材」，「外側（旅程や利用施設条件）」の消費や利用，相互作用を通じて，「観光の経験」，「中身（旅行の快適さや楽しさ）」を実現していると考えられる．それに加えて，スケルトン型ツアーに象徴されるような低価格へのニーズ，FITに象徴されるような観光者自身による予約・手配も可能という条件がある．よって，パッケージツアーの「消費可能な素材」，「外側（旅程や利用施設条件）」は，「観光の経験」，「中身（旅行の快適さや楽しさ）」を実現するためのものであり，一部は観光者自身が直接予約・手配することも可能なことから，パッケージツアーには，旅行目的の達成を目指した，旅行業者の"効果的な「統整」"による利便性や確実性が高い旅行，経済性や合理性が高い旅行へのニーズが存在すると考えられる．この視点から検討すると，パッケージツアーの「市場から要求される商品としてのパフォーマンス」とは，旅行業者が

旅行企画と予約・手配を通じて，利便性や確実性が高い旅行，経済性や合理性が高い旅行の実現というニーズへの対応である，と考えられる．

　パッケージツアーのイノベーションにおいて，メディア販売やスケルトン型商品は，旅行業者自身が提供するサービスにおける技術革新であり，同じようなサービスをより効率的に，より安価に提供するための技術革新であった．そのうち，オープン－モジュラー型と見なすことができるスケルトン型商品は，利便性や確実性が高い旅行，経済性や合理性が高い旅行という観光者のニーズをめぐって，市場からの一定水準の要求には応えられても，それを超えた場合には十分に対応できない．その結果として，新たな水準を満たすには，モジュラー化によって抑制されていた構成要素間の相互作用を再び解放する，すなわちインテグラル化＝「擦り合わせ」（要素間のつながりの調整）が必要になる．

　そのように考えると，パッケージツアーにおけるインテグラル化＝「擦り合わせ」とは，「組み合わせの妙」による新たなニーズへの対応であり，新しい要素や技術への対応であるといえる．例えば，ジャンボジェット機の登場というサプライヤーにおけるイノベーションが契機となり，パッケージツアーの構造・構成が見直され，また新たな標的市場や販売方法が生み出されていったことは，いちど製品アーキテクチャが確立され，モジュラー化が進んだパッケージツアーにおけるインテグラル型への回帰であるといえる（図5-4）．その中で，構成要素間の擦り合せについては，旅行業者に加えてランドオペレーターもそれを担うことができるものの，本研究では，操作的にその主導権は旅行業者にあると仮定して検討する．

　また，第2章でパッケージツアーの構造・特性を検討する中で，先行研究における「パッケージツアーの旅行企画はソフトウェアである」という指摘について取り上げた．旅行業は，旅行者が利用するさまざまなモノ（ハードウェア）についての情報と同時に，旅行目的を達成するための「コト情報」を提供することによって，旅行の進行管理と効果増幅を図っているといった指摘（佐藤，1997：5-6）や，旅行業者を通して旅行サービスを購入するメリットは，旅行商品の付加価値であるという指摘（津山・太田，2000：46-47）があった．また，パッケージツアーの目的を達成するために，構成要素とそのつながりを調整する「統整」という概念（廣岡，2007：46-52）にも触れた．こうした議論がフルパッケージ型を前提にしていることからも，パッケージツアーにおいて旅行業者による「擦り合わせ」の取り組みは，利便性や確実性が高い旅行，経済性や

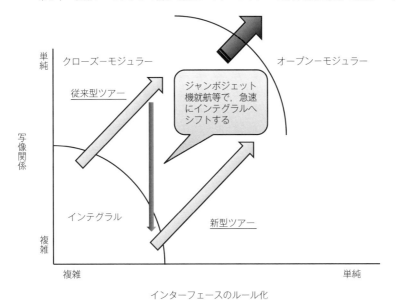

図5-4 ジャンボジェット機の就航によるインテグラル型への回帰
（出典）柴田（2008：85）を元に筆者作成.

合理性が高い旅行のためであると指摘できる.

第3項 「情報の集合体」としてのパッケージツアー，イノベーションを引き起こすパッケージツアーの特性

前項での検討に引き続いて，パッケージツアーについての「情報の缶詰」
（佐藤，1997：5-6），「総合旅行情報システム商品」（津山・太田，2000：46-47）という2つの指摘に共通する「パッケージツアーは，ハードウェアに関する情報とソフトウェアから構成される“情報の集合体”である」という視点をもとに，パッケージツアーの構造・構成や特性について検討する.

パッケージツアーを構成する要素（コアサービス，モノ情報）は，企画（設計）された段階では，物理的な実態を伴っておらず，また相互に物理的につながっているわけではなく，旅行企画（「統整」，シナリオ）に沿って仮想的に組み合わされているだけである. 各要素が実態を伴い物理的につながるのは，観光者がパッケージツアーを通じて各旅行サービスを利用する時であり，実際の観光者による移動やサービスへの参加によって実現する. また，廣岡（2007：39），鬼

澤（2011：11），鬼澤（2011：12-13），鈴木（2010：52）の指摘のとおり，各構成要素（素材）は，基本的に旅行業者自身のものではなく，独立した他企業が供給する旅行サービスである．独立した複数の企業が提供する旅行サービスであっても，ひとつの商品として組み合わせられている．また，企画意図や発売時期（期間），発売エリア，価格などに応じて多様な組み合わせ方が存在する．

　では，なぜこうした商品の構造・構成や特性が成り立つのであろうか．第1項での検討を通じて，旅行素材のインターフェースは共通化・オープン化していて，パッケージツアーはオープン型，モジュラー型になりやすいと指摘した．その上で，ホテルを事例に検討すると，パッケージツアーの客であってもFITの客であっても，客室や食事といった一般的なサービスを提供することが可能である．すなわち，客の種類を選ばない．また，パッケージツアーにおいて，どの交通機関と組み合わされていても，館内外のどの飲食施設と組み合わされていても，旅行企画で定められたとおりのサービスを提供することが可能である．すなわち，ともに組み合わされる他のモジュールを選ばない．さらに，パッケージツアーの客に客室を提供する，朝食を提供するといった基本的なサービスについては，どの旅行業者に対しても供給可能であり，どのような旅行企画のパッケージツアーにも対応可能である．すなわち，旅行サービスの提供先である旅行業やその旅行企画を選ばない．以上のことから，旅行素材は，あらゆる「つながり方」に対応する可変的な存在であり，単独でもパッケージツアーでも機能を発揮する独立し完成した旅行サービスであり，旅行サービスとしての施設・設備，利用に関する「情報」（佐藤，1997：5-6）として存在していると指摘できる．この点に関連して，青島・武石（2001：50-51）は，情報を扱う製品は，システムの構成要素をつなげる上での物理的な制約が少ないことから，モジュラー化しやすいと指摘している．よって，情報としての旅行素材を構成要素として，「情報の集合体」としてのパッケージツアーについても，モジュラー化しやすい可能性を指摘できる．

　続いて，小林（2010）が指摘した，イノベーションを引き起こすパッケージツアーの性質について検討する．小林（2010：67-70）はパッケージツアーの商品特性について，①非流通性（パッケージツアーは流通しない），②不完全性（パッケージツアーは旅行経験のすべてを提供できない），③限界性（パッケージツアー開発の限界）を指摘し，その上で，パッケージツアーが観光の経験のすべてを提供・確約していないこと，観光の経験自体は流通せず，消費可能な素材のみが

パッケージツアーに含まれると指摘した．また，パッケージツアーは「物理的な設備」の連続的な消費であり，パッケージツアーがその価格のみに価値があるとしたら，すでにコモディティ化していると指摘した．ここで，それらの指摘について，製品アーキテクチャ論の視点から検討する．

　まず，パッケージツアーは流通しないという「① 非流通性」とは，旅行業者は旅行中に生産され消費される予定の「経験」を販売できないという商品特性である．これは，「経験」を実際に提供する交通や宿泊などの旅行素材＝モジュールが旅行業者に対して独立性が高い状態で存在しており，旅行業者はもっぱらそれらを組み合わせる設計構想を生産しているためである．また，旅行業者は基本的に旅行者の日常生活圏，すなわち「発地」に存在するのに対し，旅行素材＝モジュールである交通や宿泊は非日常生活圏，すなわち，「着地」または「発地」と「着地」のあいだの移動の過程に存在しているため，旅行業者が旅行者に経験そのものを販売することができない．

　次に，パッケージツアーは旅行経験のすべてを提供できないという「② 不完全性」とは，パッケージツアーと実際の経験全体とは異なるという商品特性である．小林（2010）も指摘しているように，パッケージツアーは，最初から経験のすべてを商品化しようとはしていない．そもそもパッケージツアーは，旅行者による機能追加を前提にしていて，それが可能な構造やインターフェースになっている可能性が指摘できる．

　さらに，パッケージツアー開発の限界という「③ 限界性」とは，現地における経験までを開発し提供することができず，実際の消費対象に限定されるという商品特性のことである．つまり，パッケージツアーは消費できる素材を組み合わせであり，その組み合わせ方法の開発は可能でも，消費できない素材による経験までは開発できない．

　以上のように，製品アーキテクチャの視点から小林（2010）の指摘について考察すると，旅行業者から独立性が高い存在である旅行素材は，そもそも旅行者による機能の追加を前提にしていて，それによって「旅行」という経験全体が完成すると仮定できる．特にスケルトン型では，基本的に交通と宿泊のみが組み合わされていて，それ以外については，旅行者本人が自ら必要な旅行サービスを予約・手配，購入して追加する．

　ただし，その際，外国語力や旅行経験などで，旅行者が追加できるサービスに違いが出てくる可能性がある．クローズ－インテグラル型の自動車が，一般

のユーザーが機能を追加したり変更したりすることが容易ではなく，専門の整備会社などのサービスを利用しない限り事実上できない（藤本，2001：5）ことを踏まえると，パッケージツアーの利用における旅行者自身による旅行サービスの追加は，オープン－モジュラー型としてのスケルトン型ツアーでは容易で，クローズ－インテグラル型としてのフルパッケージ型ツアーでは難しいといえる．

第2節　パッケージツアーのイノベーションの主体と競争の焦点・手法

　佐藤（1997：5-6）や津山・太田（2000：46-51）に従って，パッケージツアーがソフトウェアとハードウェア，コアサービスとサブサービスといった構造になっていると仮定すると，ハードウェアやコアサービスは構成要素自体であり，ソフトウェアやサブサービスは構成要素間のつなぎ方といえる．よって，製品アーキテクチャ論に沿って考えると，海外パッケージツアーの変遷におけるイノベーションには，① 商品の構成要素のイノベーション，② 構成要素間のつながりのイノベーション，の2つあることが指摘できる．前者はパッケージツアーの素材となる航空座席やホテルでの宿泊などが該当し，津山・大田（2000）がいう「パッケージツアーのハードウェア」であり，後者はそれらを結びつける付加価値としての「パッケージツアーのソフトウェア」である．廣岡（2007）は前者をコアサービス，後者をサブサービスと呼んだ．

　また，第4章で確認したパッケージツアーの変遷をふまえると，前者のイノベーションにジャンボジェット機の就航とバルク運賃の登場などが該当するとすれば，後者は旅行業者の経営哲学やノウハウ，旅行企画などが該当する．低価格化や取扱高重視の戦略を採用した場合，ソフトウェアやサブサービスが最小化されたり，イノベーションが発生しなくなったりすると，結果としてコモディティ化につながる．

　さらに，第4章の鈴木（2003）の製品ライフサイクル理論の議論と第3章のアーキテクチャの相対的優位性の変化の議論をふまえた場合，当初は製品イノベーションが進むものの，ある程度支配的なデザインが確立すると工程イノベーション（生産コスト上のメリットの追求）が主となるため，大手旅行業者が情報システム商品としてのパッケージツアーの提供のために組織を形成していく

中で，それが高度化すればするほど，新しい商品に対してのイノベーションに着手することがますます困難になってしまうというジレンマが発生する可能性が高い．

パッケージツアーについて，構成要素間のつながり，すなわちアーキテクチャから議論するのが本研究の特徴であり研究の目的である．パッケージツアーの構成要素は，原則としてすべての旅行業者に対してオープンであり，どの会社でも同じような組み合わせが可能である．しかし，その組み合わせ方については，経営哲学やノウハウといった点で差別化が可能であり，時に大手企業に対して中小企業がアドバンテージを発揮できる可能性がある．

パッケージツアーでは，構成要素間のつながりや設計構想に該当する旅行企画，実際の旅行サービスの利用における構成要素間調整を担う添乗員，特定のニーズを高いレベルで充足する高度な専門性が考えられる．

その上で，イノベーションという視点から見たパッケージツアーの変遷について，旅行業者，サプライヤー，旅行者という3つの視点から検討する．

第1項 イノベーションの主体と環境

(1) 旅行業者が提供するサービスのイノベーション

まず，パッケージツアーにおいて，旅行業者自身が提供するサービスについて検討する．

第1節で検討したように，パッケージツアーを構成する旅行素材のインターフェースは，基本的にオープンであると仮定できる．藤本（2001：5-6）によると，オープン型の製品は，企業を超えた「寄せ集め設計」が可能であり，素性の良い部品であれば，複雑な「擦り合わせ」をしなくても，機能性の高い製品を生み出すことができる．それに対して，クローズ型の製品は，モジュール間のインターフェース設計ルールが基本的に1社内で閉じている（藤本，2001：6）．

日本のパッケージツアーの構造について，先行研究において次のような指摘がある．

- パッケージツアーの中に，運送機関，宿泊機関などの独立した事業者の提供するサービス商品，すなわち旅行素材がパッケージされている（廣岡，2007：39）
- パッケージツアーを構成する旅行素材は，それらは単独で独立して旅行者に

　利用されることのできる自立した商品で，パッケージツアーは自立した商品を部品として内部に持つ商品（鬼澤，2011：11）
- パッケージツアーは，他社や類似ツアーだけでなく，構成部品（旅行素材，サプライヤー）そのものとの競争にもさらされている（鬼澤，2011：12-13）
- パッケージツアーにおいて提供されるサービスは，その商品を企画造成する旅行業者に固有のものとは限らず，むしろ交通や宿泊など構造的に重要なサービスは，他社（各サプライヤー）が提供するもの（鈴木，2010：52）

　こうした指摘のように，構成要素の多くは独立した他社から提供されている．そのため，パッケージツアーにおいて，モジュール間のインターフェース設計ルールを自社だけで閉じることは困難であり，完全なクローズ−インテグラル型の商品，完全なクローズ−モジュラー型の商品は存在しないといえる．
　そこで，サプライヤーとの特別な関係が存在する場合を除いて，旅行業者が自社の裁量のみでインターフェース設計ルールを閉じることができる旅行素材，すなわち旅行業者自身が提供する旅行サービスについて検討したい．第2章で先行研究を通じて検討したように，旅行業者は，「旅行サービスの予約・手配」と「旅程管理」という，大きく2つのサービスを自ら提供している．この2つのサービスについて，廣岡（2007）は，予約・手配と「統整」を指摘した．津山・太田（2000）は，顧客との接点としての店頭での社員による接触と，旅行中の添乗員やガイドによるサービスを指摘した．今西（2012b），今西（2013）は，海外パッケージツアーにおける「サービスの日本化」を指摘した．吉田（2016）は，添乗員・現地ガイドと旅行先現地の受け入れ体制を指摘した．それぞれについて，海外パッケージツアーの企画・造成，予約・手配，販売，催行・実施の各段階に分けて整理したのが表5-1である．
　表5-1を見ると，「統整」「サービスの日本化」「旅行先現地の受け入れ体制」の3つは，企画・造成および催行・実施に関係していて，「顧客との接点としての店頭での社員による接触」は販売，「旅行中の添乗員やガイドによるサービス」「添乗員・現地ガイド」は催行・実施にそれぞれ関係している（「予約・手配」は予約・手配に関係している）．これを別の視点から見ると，これらのサービスは，旅行企画の検討やそれに沿った予約・手配，観光者に対する正確な商品説明・魅力的な提案[1]，観光者のニーズに沿った対応[2]，旅程管理に関係している．構成要素の多くが他社と共通していると仮定すれば，こうした旅行業者自身に

表5-1　パッケージツアーにおける旅行業者自身によるサービス

項　　目	旅行業者自身によるサービス
企画・造成	・「統整」（廣岡：2007） ・サービスの日本化（今西：2012b，今西：2013） ・旅行先現地の受け入れ体制（吉田：2016）
販売	・顧客との接点としての店頭での社員による接触（津山・太田：2000）
予約・手配	・予約・手配（廣岡：2007） ・旅行先現地の受け入れ体制（吉田：2016）
催行	・「統整」（廣岡：2007） ・旅行中の添乗員やガイドによるサービス（津山・太田：2000） ・添乗員・現地ガイド（吉田：2016）

　よるサービスによって，構成要素間のつなぎ方のイノベーションが可能になり，他社に対する差別化が可能になる．

　さらに，前田（2015［1995］）や小林（2010），廣岡（2007）が指摘しているように，パッケージツアーにはその旅行に関するすべての経験やサービスが含まれているわけではない．パッケージツアーには，至れり尽くせりのサービスを含むフルパッケージ型がある一方で，必要最低限のサービスのみのスケルトン型もある．このように，サプライヤーが提供する素材と素材のあいだには，サービスが提供されていない，すなわち素材が存在しない隙間のような部分がある．その隙間が「狭い」・「広い」の差があるものの，そこにも旅行業者自身によるサービスの提供の機会があるといえる．もしくは，サプライヤーでは提供できない，各要素間の調整やより効果的な接続を目的としたサービスは，旅行業者にこそ提供可能である．

　第2章での先行研究の検討を通じて指摘してきたように，パッケージツアーは，旅行業者が企画・販売しているものの，その構成要素のほとんどは社外から提供されているものである．そこで，パッケージツアーのイノベーションにおいて，旅行業者が果たす主な役割は，総体としてのパッケージツアー全体のイノベーションであり，ソフトウェアやサブサービスのイノベーションである．つまり，つなぎ方のイノベーションであるといえる．

　それに対して，旅行業者が直接提供する構成要素の機能と役割において差別化を図ろうとするケースもある．狩野（2008b：73）は，旅行業者が直接提供す

る構成要素としての添乗員について，阪急交通社の「トラピックス」を事例に
して次のように指摘した．同社は，1999 年に情報誌「トラピックス倶楽部」
を創刊した．トラピックスは，造成するパッケージツアー商品を絞り込み，価
格を非常に安く設定して，「全食事・全観光付き，添乗員同行」のフルパッ
ケージ・ツアーのスタイルを特徴とした．2001 年以降，高級ブランド「ロイ
ヤルコレクション」やゆとりブランド「クリスタルハート」などのツアーもス
タートした．この情報誌による通信販売が取扱高の 8 割にのぼる．情報誌が全
国の拠点で毎月発行される点も，ほぼ半年ごとにパンフレットを作成する他の
大手旅行業者と異なる点である．添乗員付きのフルパッケージ・ツアーという
特徴から，添乗員によるサービスを期待するシニアの支持を得ている．週末の
新聞広告による募集，電話による受け付けというスタイルも定着している．こ
の低価格の実現だけではなく，リピーター獲得のためには価格と同時に添乗員
に対する満足が必要と考え，同社が導入した品質ガイドラインをベースに，顧
客の声を添乗員によるサービスにフィードバックし，顧客満足度の向上も目指
している（狩野，2008b：73）．

　また，今西（2012b）および今西（2013）が指摘した海外パッケージツアーに
おける「サービスの日本化」や，吉田（2016）が指摘した「現地受け入れ体制」
は，パッケージツアーを利用する日本からの旅行者がよりスムーズに，またス
トレスを感じることなく，滞在を楽しむことができるように，現地でのサービ
スを最適なものにカスタマイズすることは，日本の旅行業者自身によるサービ
ス提供といえる．今西（2012b）および今西（2013）は，旅行業者による海外進
出について，海外パッケージツアーを日本人の特性に合わせようとする動きの
ひとつだと指摘した．海外パッケージツアーに含まれる現地の旅行サービスは，
地元の人びとや他の国・地域からの旅行者も利用可能であり，各素材において
もそれを前提にしてサービスがデザインされている．こうした現地で提供され
るサービスを日本人客向けに調整する取り組みは，旅行業者によるイノベー
ションであるといえる．

(2) サプライヤーによるイノベーション

　サプライヤーは，パッケージツアーの構成要素である旅行素材を旅行業社に
供給している．同時に，各サプライヤー自身が独立した企業でもあり，それぞ
れ完成したサービスを提供しているため，そこでもさまざまなイノベーション

が発生している.

　そのうち，第4章で触れたジャンボジェット機の登場による航空券と海外パッケージツアーの低価格化において，厳密にいえばジャンボジェット機の開発自体は航空機メーカーによるものである．しかし，実際には航空会社がそれを機材として導入したことで，移動サービスの高速化と大量化によって，市場に航空座席が潤沢に供給され，航空券とパッケージツアーの低価格化というイノベーションにつながった．そのほか，路線の拡大・縮小や便数の増減など，パッケージツアーを構成する要素を提供する航空会社における状況の変化は，総体としてのパッケージツアーのイノベーションにつながる場合があるといえる.

　また，このジャンボジェット機の就航を背景に登場したバルク運賃によって，海外パッケージツアー商品自体の価格が下がり，旅行者にとって海外旅行が身近なものになった．同時に，先にも触れたようなバルク運賃をめぐる新たな流通システムが構築され，格安航空券を商品とする新たなビジネスの展開にもつながった.

　また，吉田（2016：99）が「旅行商品を崩すもの」と呼んで指摘した，観光素材や旅行素材の誘因力によって旅行商品の自由な造成を許さないケースの存在も，パッケージツアーのイノベーションに影響を与えるだろう．吉田（2016：99-110）が事例を通じて指摘したように，人気の高い観光素材や旅行素材は，何とかそれらをパッケージツアーに組み込もうという旅行業者の努力を引き出すことになる．こうした観光素材や旅行素材をめぐる取り組みは，パッケージツアーのイノベーションのきっかけになると考えられる.

(3) イノベーションの環境としての FIT

　旅行者は観光体験を求めてパッケージツアーを購入する．しかし，観光体験は，旅行者がサプライヤーから宿泊や交通などの旅行サービスを直接予約・手配することでも実現できる．こうした FIT におけるイノベーションについて検討したい.

　パッケージツアーと旅行者による直接予約・手配の関係では，あらかじめ予約・手配が済んでいるパッケージツアーの購入によって，旅行者は手間を省くことができる．また，一般に旅行に関する情報については，「旅行業者＞旅行者」という非対称性があった．旅行業者の専門性も旅行者がパッケージツアー

をはじめとした旅行業者によるサービスを利用する理由になっていた.

　その中で, 髙井 (2013) が指摘した上級ユーザー的旅行者の存在を想定すると, 旅行業者やサプライヤー, 観光地よりも旅行者のほうが旅行に関する情報をより多く有している可能性がある. その場合, パッケージツアーのイノベーションにおいて, ソフトウェアでありサブサービスであった旅行業者が提供するノウハウや「統整」としての旅行企画などでは, 旅行業者側の優位性がこれまでと変わっていく可能性がある.

　狩野 (2008b：64) によると, 旅行商品の場合, 必要不可欠なものではないため, 旅行者は気に入らなければ旅行市場から退出し, 自ら旅行を組み立てて直接購入したり, 代替製品や代替サービスの市場へと向かったりすることも考えられ, 売り手が交渉力を持つというより, 旅行者のニーズに合った高付加価値商品をより安く作らなければならないという圧力になっている. また, 王 (2005：82) によれば, 旅行業者の利益という点から見ると, パッケージツアーなら, 一定の利益が価格に含まれている上, 全行程の予約も一括で扱うことができる. しかし, 個人旅行の場合となると予約に手間がかかり, また旅行商品はシンプルになればなるほど利益が薄くなる. そのため, 大手旅行業者では, FIT 対応商品を取り扱うのが難しいとみられている (王, 2005：82). 以上の2つの点から, FIT が旅行業者にとって競争相手のひとつとなり, 対応が求められるようになる.

　観光旅行マーケットにおいて FIT が増加するという現象について, 森下 (2009：64) は次のように指摘した. この現象は, パッケージツアーという旅行商品が旅行者のニーズに対応できていないことも意味する. 手配の面倒がない上に保証制度も充実しているのにもかかわらず利用されないのは, 旅行者にとって企画面, 価格面などで魅力がないためといえる. つまり, 旅行業者のマーケティング不足を指摘することが出来る. 旅行業者が多様化する個人の志向に対応する商品企画を行えていないということである (森下, 2009：64).

　狩野 (2008b：57) は, こうした市場成熟期の顧客の特徴について, 買い慣れた顧客が増えるといわれるとした上で, その買い手としての交渉力について次のように指摘した. 旅行業界でも, テレビの旅情報番組やリピーターの増加により, 顧客の知識が豊富になり, ニーズも多様化し, 顧客の交渉力が増している. 人びとは, 同じ商品なら安く, 構成する旅行素材の良いもの, サービスの良いものを探して, 旅行業者を選別する. これにより, 同じような旅行商品な

ら，低価格のものが好まれるようになる．一方で，成熟期における顧客は，ブランド間の選好が決まってくるとも言われている．旅行商品の場合，利用した旅行での満足度により選好が決まってくることが考えられる．従って，リピーターを獲得するためには，顧客の意見をフィードバックして満足度の向上が図れるような制度を整えることが重要である（狩野，2008b：57）．その結果として，狩野（2008b：64）は，ニーズも細分化し，多品種少量生産が必要とされ，もともと収益性の低い旅行業界のコスト構造に悪影響を与えると指摘した．

　第1節で検討した，旅行素材のインターフェースがオープンであることは，FIT を通じても確認できる．鈴木（2010）も指摘するように，FIT では，旅行者自らが予約や手配など旅行サービスを利用する際の具体的な手続きを行う機会が多い．こうした手続きは，同じ機能を果たすサービスであればおおむね共通している．つまり，要素が入れ替わっても同じような手続きでその機能を利用することができる．また，本項「(2) パッケージツアーにおける旅行業者自身によるサービス」でも触れたように，旅行業者は最初から経験のすべてを商品化しようとしていない．パッケージツアーは，旅行者による機能・サービスの追加を前提としていて，それによって「旅行」という経験全体が完成する．同時に，商品としてもそれが可能な構造になっているといえる．その場合，パッケージツアーにおける各要素のインターフェースについて，① 旅行業者に対してオープンになっている，② 他の構成要素に対してオープンになっている，という点に加え，③ 観光者に対してもオープンになっている，といえる．

　また，FIT のように，ユーザー自身が自分の手で製品システムを組み上げるような製品領域，すなわち DIY では，極めて単純なインターフェースを設定することによって，製品の内部構造に関する知識なしでも，最終製品を仕上げるような仕組みが必要である（青島・武石，2001：51）．FIT において，DIY のように最終的な製品システムの組み上げ作業がメーカー側からユーザー側に移転されている（青島・武石，2001：51）のは，そもそも旅行素材のインターフェースがオープンになっているからであるといえる．

　それに対して，一部またはすべての旅行素材において，そのインターフェースが FIT の旅行者に対してクローズになっているとすれば，旅行者はその旅行素材を予約・手配することができず，またスケルトン型パッケージツアーを利用する旅行者も，予めその旅行素材が組み込まれていなければ，個人では追

加することができない．つまり，FIT やスケルトン型商品に対して，旅行業者しか提供できない（実現できない）サービスをパッケージツアーに含めることで，旅行者は旅行業者に依存せざるを得なくなるため，結果として差別化が可能になる．

第2項　製品アーキテクチャ論から見た競争の焦点と手法

パッケージツアーにおける競争をめぐる課題と焦点について，製品アーキテクチャの視点から検討した上で，旅行業者による戦略や具体的な取り組みについて事例を通じて分析する．

(1) 競争をめぐる課題と焦点

これまで検討してきたように，旅行素材のインターフェースがオープンであり，パッケージツアーをハードウェアに関する情報とソフトウェアから構成される「情報の集合体」（佐藤（1997：5-6）「情報の缶詰」，津山・太田（2000：46-47）「総合旅行情報システム商品」）ととらえると，旅行サービスの寄せ集めであっても商品＝パッケージツアーを構成することができる．

また，パッケージツアーの構造について，旅行業者自身が提供するサービスという視点から見ると，構成要素が同業他社と共通していると仮定すれば，それらの組み合わせ方において，構成要素間のつなぎ方のイノベーションが競争の焦点となり，パッケージツアーの予約・手配と「統整」は旅行企画に関係していて，「統整」と添乗員やガイドによるサービスは，いわゆる旅程管理に関係している．

さらに，基本的にパッケージツアーの各要素のインターフェースが共通化していると考えられることについて，旅行業者に対してオープンになっているだけでなく，一般の観光者に対してもオープンになっているといえ，パッケージツアーに旅行業者しか実現できないサービスを含むことで，FIT やスケルトン型ツアーに対し差別化が可能になる．

これらの点について，製品アーキテクチャの視点から検討したい．

その前提として，鈴木（2010）がパッケージツアー造成の現場における具体的な手法を示しながら指摘したように，旅行業者が競争の焦点として重要だと考えるのは価格である．パッケージツアーを製品アーキテクチャの視点から見ると，その構成要素である旅行素材は，原則としてすべての旅行業者に対して

オープンであり，どの旅行業者でも同じような組み合わせが可能である．また，設計構想である旅行企画も概要が公開されるので，ある程度まで他社が模倣することができる．よって，各社で似たような商品が発売され，価格による競争が発生する．特に，オープン−モジュラー型であると考えられるスケルトン型ツアーの場合，組み合わせされる旅行素材の数が少ないため，商品としての構造がシンプルであり，設計構想としての旅行企画も他社や一般の旅行者に見えやすくなっている．そのため，フルパッケージ型ツアーより模倣が容易であり，価格競争やコモディティ化が進みやすいと考えられる．

　よって，パッケージツアーの競争の焦点は，価格以外においては，オープン型よりもクローズ型に近づけること，ということになる．また，実際には，完全にクローズ型になることは難しいため，どこをクローズにするか，誰に対してクローズにするかを戦略的に設定する必要がある．さらに，アーキテクチャをインテグラル型に近付ける，すなわち構成要素間で互いに微調整を行い，相互に密接な連携を取る「擦り合わせ」（藤本，2001：5）を高度化するという方法もある．

　また，パッケージツアーの競争を考える際に，必ずしも同業他社や社内の別商品がライバルとは限らない．すなわち FIT に対しても，パッケージツアーが優位性を有する必要がある．パッケージツアーは，一般に大量仕入れ・大量販売によって，個別に交通や宿泊を手配・予約するより安くなる場合が多く，スケルトン型の商品は特にその傾向が強い．そうした点から，旅行業者でなければ実現できない価値のひとつは低価格ということができる．逆に，さまざまなサービスを含み，至れり尽くせりの内容になっているフルパッケージ型は，そのテーマ性や手配内容が個人では実現不可能な（難しい）場合や，パッケージツアーに含まれるサービス（例えばツアーバスや現地ガイド）によって効率的に観光体験ができる場合が多い．こうした価値を高めていくことも競争の焦点である．よって，旅行者にパッケージツアーの購入を促進させるポイントであり，旅行者にとってパッケージツアーのベネフィットとなるのは，「その商品に旅行者自身では予約・手配できないサービスを含んでいること」である．つまり，一部またはすべての旅行素材のインターフェースが観光者に対してクローズになっていれば，パッケージツアーを利用せざるを得なくなる．

(2) 素材の入れ替え，削減による値下げ

パッケージツアーの素材のインターフェースが共通化されていると仮定すると，設計構想もある程度公開されているため，旅行業者はライバル他社と同じような商品を作り出すことが可能である．そして，その結果として，複数の旅行業者間で価格や商品の改良をめぐって競争が発生することになる．

こうした旅行業界の構造について，狩野（2008b：80）は，同じ飛行機の便を使い，同じホテルを使って造成される旅行商品では，業界リーダーの政策定石のひとつとしての「非価格対応」（嶋口，1986），すなわち業界全体の利益が低下しないよう価格競争をしないということはできないと指摘した．また，リーダー企業として全方位化の戦略がとられているため，廉価なツアーと豪華なツアーといった二極分化のニーズには対応するものの，製造業のように，安物は作らないとか，値引きには応じないといった対応は旅行業の場合はできないと指摘した．また，旅行者に関する条件として，狩野（2008b：64）は，旅行商品の場合，必要不可欠なものではないため，旅行者は気に入らなければ旅行市場から退出し，自ら旅行を組み立てて直接購入したり，代替製品や代替サービスの市場へと向かったりすることも考えられ，売り手が交渉力を持つというより，旅行者のニーズに合った高付加価値商品をより安く作らなければならないという圧力になっていると指摘した．

ここで，商品価格をめぐる競争について，最終的な商品価格が主に仕入れコストと販売コスト，自社内のコスト，利益から構成されていると仮定して，製品アーキテクチャの視点から，組み合わされるモジュールの数を変えずに，各部品の機能や性能の低減による価格の引き下げを検討したい．

パッケージツアーの素材のインターフェースは共通化していると考えられるため，一部の素材をより低価格のものに入れ替えることで，商品価格の引き下げが実現できる（図5-5）．自社内のコストは，すでに設計構想が存在するため，部品の変更にともなうコストは限定的である．また，旅行素材ごとに価格などで他の選択肢が存在する（図5-6）．

例えば，利用する宿泊施設を高価格のホテルから低価格のホテルに変更することで，施設や設備，サービスなどの点でレベルが下がってしまうものの，パッケージツアーにおける宿泊部分のコストを下げることができる．また，交通についても，例えばフライトの時間を変更することで，早朝・深夜の出発で不便になる，現地での滞在時間が短くなるなどの不利・不便な点があるものの，

図 5-5　旅行素材の入れ替えイメージ

（注）白黒反転のピースが入れ替わった旅行素材.

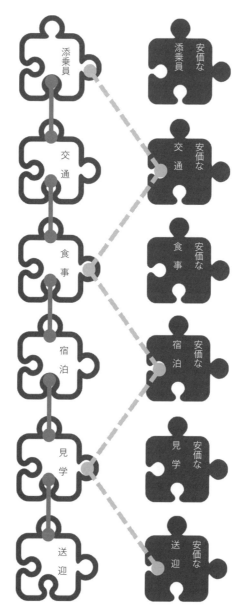

図5-6　旅行素材の種類ごとに選択肢が存在するイメージ
（注）旅行素材を結ぶ実線が当初のつながり，点線が入替後のつながり.

価格を引き下げることができる．もしくは，より価格の安い航空会社（ローコストキャリア等）に変更することでも，預け入れ手荷物の制限や機内サービスなどで不利・不便な点があるものの，同じく価格を引き下げることができる．さらに，送迎について，個別のツアーのグループごとではなく，他のツアーや他社のツアー，個人客などと混載する形式でコストを引き下げることができる．

　ただし，吉田（2016：99-110）が「旅行商品を崩すもの」を議論する際に事例とした「モアナ・サーフライダー・ホテル（ワイキキ）」のように，単なる旅行素材ではなく旅行目的になっているような素材の場合，それを入れ替えてしまうとパッケージツアーの旅行企画や商品としての価値に影響を与えてしまう可能性がある．また，素材の入れ替えによって，例えば経済的なホテルと高級レストランでの食事が組み合わせられることによって，素材同士のあいだに大きなレベルの差が生じる場合も，同じようにパッケージツアーの旅行企画や商品としての価値に影響を与えてしまう可能性がある．

　以上のように考えると，理論的にはパッケージツアーの旅行素材の入れ替えは可能であるものの，商品としての目的を達成し，顧客満足を得るには，旅行企画に合った旅行素材・観光素材の使用が必要である．そのため，パッケージツアーの設計構想としての旅行企画によって，高度に擦り合せが行われている商品，すなわちフルパッケージ型ツアーでは，現実的には入れ替えができない場合があるといえる．逆にいえば，旅行素材の入れ替えが比較的容易なのはスケルトン型ツアーであり，その点でスケルトン型ツアーはオープン型の製品アーキテクチャを有しているといえる．

　次に，パッケージツアーを構成する旅行素材を削減することによる価格の引き下げについて検討したい．

　海外パッケージツアーのパンフレットを見ると，添乗員が同行しないツアーや食事が付かないツアー，現地ガイドが付かないツアーなどがある（図5-7）．これらは，フルパッケージからの旅行素材の削減の例といえる．旅行者によっては，自ら予約・手配をする必要があるサービスが増え，またある程度の経験や知識，技術が必要になり，語学力の点でも不安を感じることになる．しかし，特に価格を重視する場合，もし削減されたサービスが重要度の低いものやそれほど不便や不安を感じないものであれば，価格の引き下げに大きなメリットを感じるだろう．

　また，組み合わされる旅行素材の見直しと削減を進めて，最低限の機能を発

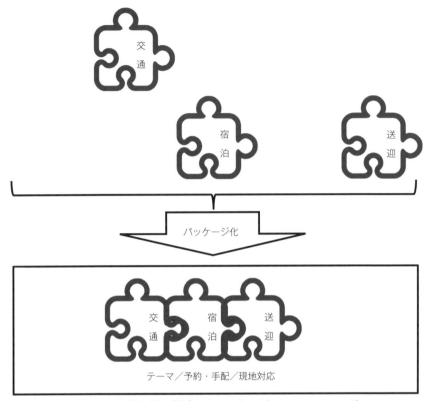

図 5-7　旅行素材を削減したパッケージツアーのイメージ

揮する商品にすることもできる．これがパッケージツアーにおける「骨格」すなわち「スケルトン」型の商品であり，究極には，交通と宿泊のみの組み合わせに至るまで素材を削ることができる．しかし，実際にはそれでは利用しづらいため，空港での現地スタッフによる出迎えや空港からホテルまでの送迎をセットしている商品が多い．このように，実際的な使い勝手に合わせて，組み合わされる素材を変更することが可能である．そして，出発前または現地で旅行者自身が機能を追加することも可能で，オプショナルツアーや着地型旅行商品がそれに該当する．

　以上のように考えると，スケルトン型ツアーは，機能とモジュールである旅行素材の関係が 1 対 1 に近く，「寄せ集め設計」でも製品機能が発揮されてい

る．すなわちモジュラー型の製品アーキテクチャを有しているといえる．先ほどの検討と総合すると，スケルトン型ツアーは，モジュラー型の製品アーキテクチャであると指摘できる．

　それに対してフルパッケージ型ツアーの場合，旅行全体の印象や顧客満足をめぐって，機能とモジュールが多対多となっていて，インテグラル型の製品アーキテクチャを有しているといえる．また，自動車の乗り心地の良さを達成するための特定の部品はなく，すべての部品が相互に微妙に調整し合ってトータル・システムとしての力を出していて，逆に１つのモジュールが多くの機能を担っている（藤本，2001：5）ように，フルパッケージ型ツアーの顧客満足を決定するのは，特定の旅行素材だけではなく，全体の組み合わされ方にもあると考えられることから，インテグラル型であるといえる．このように，フルパッケージ型ツアーは，他社が提供するさまざまな素材を組み合わせているのにも関わらず，インテグラル型のアーキテクチャであると考えられる．

(3) 擦り合わせの高度化とインターフェースのクローズ化

　競争における手法・戦略のひとつとして，構成要素間のつなぎ方のイノベーションのうち，インテグラル型の例といえる SIT や高級パッケージツアーがある．これらは，その造成と実施に必要な知識や技術など高度な専門性をもとに，各サプライヤーと密接に連携し合い，相互に調整をして特殊な目的を達成する．パッケージツアーは，旅行素材の特性からオープン型になりやすいため，インテグラル型を強めることによって，結果的に旅行素材のインターフェースが当該１社に閉じられるようになり，より模倣が難しくなる．インテグラル型を強めるためには，擦り合わせるのに時間や手間（＝コスト）がかかり，またノウハウや人脈などのネットワークも必要である．しかし，その代わりに，いったん商品として完成すれば，同業他社が簡単に真似することができない，もしくは模倣するのに多くの時間を要する，というメリットがある．

　さらにもうひとつは，旅行業者でなければ実現できない価値の創造である．旅行業者または旅行業者とサプライヤーの協力によって個性的な価値を創造しようとしても，旅行業他社に模倣されてしまう可能性がある．また，その開発のプロセスにおいても，高度な専門性と多大な時間が必要になる．それを解決する手法のひとつとして，旅行者との並行イノベーションがある．先に触れたように，並行イノベーション戦略は，ベンダーのみならずユーザー自身をイノ

ベーションの主役として意図的に取り込もうとするものである（柴田，2008：144）．パッケージツアーでいえば，ベンダーは旅行業者であり，ユーザーは旅行者であるといえる．ベンダーとユーザーとの協働によって，短時間でユーザーのニーズに応えることが可能になる．また，ユーザーとしての旅行者には，それぞれ旅行に関する情報や能力に差がある．このような多様性を克服するために，ベンダーとユーザーのあいだにベンダーによってツールキットが提供される必要がある．先に触れたように，ユーザーとベンダーは，お互いの技術進化スピードや技術軌跡の違いに影響されることなく，理論的には無制限にバージョンアップを加えられる（柴田，2008：146）．パッケージツアーをめぐる競争において，このような並行イノベーションの仕組みとツールキットを持てば，バージョンアップ，すなわちイノベーションによる差別化が可能になるだろう．

　また，競争における手法と戦略のひとつとして，旅行素材をモジュールと見立てた場合，そのインターフェースをクローズにする，つまり同業他社が利用できない素材をパッケージツアーに組み込むことが指摘できる．例えば，旅行業者自身が提供する素材としての自社の添乗員がある．具体例としては，日本旅行の「カリスマ添乗員」として知られる平田進也氏による「おもしろ旅企画ヒラタ屋」[4]や，自社添乗員を商品の大きな魅力のひとつとしてアピールするワールド航空サービス[5]，グローバルユースビューロー[6]などがある．いずれも同業他社は素材としてパッケージツアーに組み込むことはできない．そして，実際のパッケージツアーには，以上のような取り組みが複数かつ同時に実現され，他のパッケージツアーとの差別化のポイントを形成している．

　インターフェースがオープンになっている，もしくはクローズにすることができない観光素材をパッケージツアーに組み込む際に，その利用形態や利用方法，利用時間帯などについて，観光素材側と特別な調整する，特別な案内をするという工夫をすることで，社内外の他の商品やFITとの差別化が可能になる．こうした特別な手配には，旅行業者のノウハウや手配に関するネットワークと，添乗員・ガイドの専門性が必要である．そのため，特にFITに対しては，個人で同様の手配を実現することは難しいため，初級・中級ユーザー的旅行者のみならず，上級ユーザー的旅行者を含めても大きな差別化となる．

　以上のことから，パッケージツアーの競争において，価格の引き下げ以外の焦点について，

A：インターフェースがクローズになっているモジュール＝旅行素材の利用，

　　または旅行業者自身が提供するサービスの個性化

B：設計構想＝旅行企画の開発における観光者との協働関係とそのために必要
　　なツール

C：高度な「擦り合わせ」が必要な設計構想＝旅行企画，その結果としてのモ
　　ジュールのインターフェースのクローズ化

という 3 点を指摘することができる．

第 3 項　競争における手法・戦略の事例

(1) 事例 1：旅行業者自身が提供するサービス

　「A：インターフェースがクローズになっているモジュール＝要素の利用」
に関連して，同業他社が使用できない構成要素の使用について，旅行業者自身
が提供するサービスの事例として，観光地における周遊バスを検討する．周遊
バスは旅行業者自身が提供している素材であり，具体例としては JTB グルー
プのパッケージツアー（ルック JTB）の参加者が利用できる「オリオリウォー
カー／トロリー」（ハワイ・ホノルル）[7] や，H.I.S.の「LeaLea トロリー」（ハワイ・
オアフ島）[8] がある．

　上記のうち，JTB「ルック JTB」の「オリオリシステム」について先行研
究を検討する．鬼澤（2011：13）は，ハワイ商品に導入されたルック JTB の
「オリオリシステム」のブランド形成の手法について，次のように指摘した．
「オリオリシステム」では，現地のサービスのやり方を従来の集合型・団体型
から分散型・個人型に転換した．例えば，空港－ホテル間の送迎，到着時に行
われる説明会，ホテルチェックインのタイミング，観光コースの参加日などは，
参加者自身が都合のよい時間を選んで行動できるようにした．また，対面サ
ポートの拠点であるツアーデスクを従来のホテル内だけでなくホノルル市中に
も配置し，外出先での利便性を向上させた．さらに新機軸として，24 時間通
話無料のコールセンターの開設と，当時先端的機材であった携帯電話機をフ
リーレンタルすることで，双方向の連絡がいつでもどこでもとれるようにし，
利便性だけでなく緊急時の情報伝達力も向上させた．さらに，もうひとつの新
機軸は追加代金なしで利用できる専用のシャトルバス「オリオリウォーカー／
トロリー」の運行で，現在では珍しくない滞在型ツアーのインフラ的なサービ
スを創出している（鬼澤，2011：13）．

　鬼澤（2011：13）によると，もっとも画期的なことは，従来は現地の自由意

志，あるいは現地の都合で組み立てられていた現地のすべてのサービスとその提供の仕方について，初めて JTB のツアーとして求めるスタンダードに照らして明確に規定し，商品の中核に位置づけたことである．そして，パンフレットに始まり現地のツアーデスクやラウンジに至るまで"オリオリ"の名称を一貫して用い，ロゴ・デザインも統一して，「ルック JTB ハワイ」のツアーブランドとして浸透を図った（鬼澤，2011：13）．

また，吉田（2012：16）は，旅行業各社のハワイのパッケージツアーを比較する中で，トロリーバスについて次にように指摘した．近畿日本ツーリストの「ホリデイ」のように，地元の公共交通機関であるワイキキトロリーを使っている場合には，旅行商品の構成要素になっていると見るよりも，知識資源を活用させてもらっていることになる．それに対して，自社でアレンジしてトロリーバスを運行している場合には，これは観光バス同様に，観光素材として旅行商品の一部をなすと見ることができる（吉田，（2012：16）．

(2) 事例 2：旅行業者と旅行者による並行イノベーション

次に，「B：設計構想＝旅行企画の開発における旅行者との協働関係とそのために必要なツール」および「C：高度な「擦り合わせ」が必要な設計構想＝旅行企画」について，「クラブツーリズム」を旅行ビジネスにおけるイノベーションの事例として，先行研究と資料を検討する．

井原（2003：55）は，近畿日本ツーリスト「クラブツーリズム」について，リレーションシップ・マーケティングの視点から分析し，IT となじみの薄い高齢者をターゲットに，データベースの手法と顧客同士の出会いを演出したユニークなリレーションシップ・マーケティングの事例であると指摘した．

まず，井原（2003：64-66），井原（2005：161-168）は，クラブツーリズムの立ち上げの経緯について次のように指摘した[9]．第 2 章第 1 項でも触れたように，1980 年秋，近畿日本ツーリストにおいてその原型となる事業が始まり，当初は主催旅行（現在の募集型企画旅行）を夕刊紙に広告として掲載し，関心を持って応募や問合せをしてきた顧客を電話で受ける形であった．当時，マス広告を利用したメディア販売は，店頭販売と訪問販売が主体であった旅行業界では珍しかった．また，マス広告を使った直販は不特定多数の旅行者を相手にするために「売り切り」になりがちであった．しかし，主催旅行に参加した顧客のデータを重要視し，顧客に次の旅のために必要な旅行情報を提供する情報誌

『旅の友』（当初の名称は『旅の友ニュース』）を郵送し始めた．そして，1986年には本格的なダイレクト販売を開始した．この情報誌が旅行好きの人のリピート需要を創り出し，集客力につながった．その後，「エコースタッフ」と呼ばれるロイヤルティが高い顧客の存在もユニークであった．さらに，1991年4月には，のちのクラブツーリズムの原点ともいえる「友の会サークル」が発足し，写真，スケッチ等，旅を通じて知り合った趣味を楽しむ活動が形になっていった．

　また，井原（2003：67-69）は，1995年の「クラブツーリズム宣言」[10]以降の商品作りについて次のように指摘した．宣言後には，顧客がクラブ構成員として自主的に運営するクラブ活動の原点に立ち戻り，趣味や楽しみを共有する人びとのクラブが多数できた．また，好きな地域をテーマにするクラブも生まれた．同好の士が一緒に旅行することで交流が深まって，仲間の輪も広がっていった．その中で，「ひとり参加の旅」のクラブは，全員が「ひとり参加」であり，気軽に参加できて新しい出会いや友達が得られ，同時に団体旅行の手軽さやメリットも活かすことができることから会員が多い．

　井原（2003：67-69）によると，各クラブの立ち上げや運営には，同社員がフレンドリースタッフとして加わって支援する．その業務は，① 添乗業務，② コミュニケーション業務，③ 企画業務，④ プレゼンテーション業務，の4つである．また，井原（2005：173）は，フレンドリースタッフの人材育成について次のように指摘した．クラブツーリズムでは，メディア販売を開始した初期から添乗員教育の重要性を認識していた．1994年には添乗員教育のための「ステップアップ研修」を実施し，「クラブツーリズム宣言」の1995年には，企画から添乗までを行うフレンドリースタッフの採用と教育を始めた．こうした教育は，単なる添乗ノウハウの研修だけではなく，指示待ちではなく自主的に判断できる人材の育成が目的になっている．このフレンドリースタッフについて，内藤（2004：70-71）は，各種企画の「プレゼンテーション」，顧客が快適な旅行ができるような「添乗」，顧客と緊密に連絡を取る「コミュニケーション」，ツアーや交流会等の「企画」等の仕事を担当し，顧客との関係づくりの中から発見したニーズをサービスへと転換し，顧客の満足と信頼を高めていったと指摘した（図5-8）．

　井原（2003：68）は，こうしたクラブを通じてパッケージツアーに関するノウハウを得たことから，売り手の論理に従ったプロダクト・アウトからマー

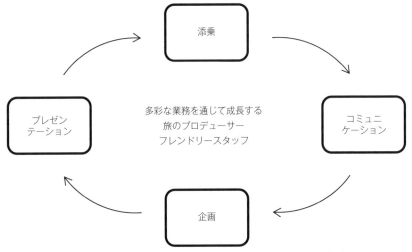

図 5-8　クラブツーリズムのフレンドリースタッフの業務

(出典) 内藤 (2004：71).

ケット・インへの発想転換が進んだと指摘した．また，井原 (2003：70) は，
テーマ性を重視した斬新な企画や，徹底したオリジナリティを追求した商品開
発で高い集客力を維持し，しっかりとしたクラブツーリズムのコンセプト (理
念) と，さまざまな出会いを創造し，関係性を維持する仕組みがあり，それが
経験価値を生み出す事業創造にもなったと指摘した．

　このクラブツーリズムのビジネスモデルについて，「顧客参加型マーケティ
ング」の事例として紹介した 2 つのインターネットの記事に，その特徴に関す
る説明がある．ここで抜粋および要約しながら確認する．

　まず，町田章「21 世紀に勝つビジネスモデル　クラブツーリズム：顧客自
身がこだわりのツアーをつくる」(日経 BPnet・2006 年 10 月 26 日掲載)[11]は，クラ
ブツーリズムのビジネスモデルについて，次のように説明している．なお，波
線部分 (すべて引用者による) は，特に本研究に関連が深い点である．

　　「顧客参加型マーケティングシステム」を構築している点で革新的だ．「どうし
　　てもここに行きたい，こんな経験がしたい」というこだわりを持った顧客が，
　　「自分はこんなツアーなら絶対に行く」というツアーを，企画担当スタッフに提
　　案する．

（中略）

マス（大衆）のために企画し，大量販売する従来のプロダクトアウト型ツアーとは大きく違う．

もちろん，積極的に企画に参加する人ばかり集まっているというわけではないし，収益のほとんどは一般的な大量販売型ツアーで稼いでいる．ツアーという商品の特性として，バスチャーター代や添乗員の人件費，広告費といった固定費から逃れられないため，大量販売型ツアーが収益の多くを占めることは避けられない．

（中略）

クラブツーリズムは，ますます細分化・深化する顧客ニーズを商品企画やサービス開発に迅速に反映させるために，「顧客参加」を可能とする仕組みを構築した．クラブやツアーでフレンドリースタッフと対話することによって，顧客がツアーの企画に加わる．この過程で生まれるアイデアを基に，特定ユーザー向けのこだわりのツアーが生まれる．そして，このアイデアが最終的には大量販売型ツアーの企画に生かされる．

次に，このビジネスモデルのメリットについて，次のように述べている．

だが，それでも顧客が企画にかかわることで，クラブツーリズムは3つの大きなメリットを得ている．

第1に，大量販売には向かないが，既存のツアーでは満たされない顧客に向けた「こだわりのツアー」をつくることができる．少数だがこだわりを持つ顧客に，差別化された新たな選択肢を提供できるわけだ．これを繰り返す中で，「クラブツーリズム＝こだわりのツアー」というブランドイメージが形成される．これが第2のメリットだ．

第3に，「こだわりのツアー」で実施した企画を，大量販売型ツアーの企画にも生かすことができる．（後略）

さらに，その仕組みについて次のように述べている．

クラブツーリズムが取り組む顧客参加は，2つの仕組みによって成り立っている．1つは，「そんなツアーなら私も行きたい」と言いそうな人同士をグループ化し

て，ツアーとして販売できる規模にするための仕組み．もう1つは，こだわりを持った顧客の声を継続的に聞き出して具体的な企画にするための仕組みだ．

まず，似たような関心を持った人をグループ化する仕組みとして，会員同士のサークル活動を奨励している．これを「クラブ」と呼ぶ．クラブは，写真，スケッチ，鉄道，山歩き，一人参加旅行，スポーツ…といった具合にさまざまなテーマを持っている．クラブによって，テーマ性のあるツアーに参加しやすい顧客をあらかじめ囲い込んでいるわけだ．

クラブツーリズムはクラブ活動を支援するため，都心のターミナル駅前を中心に顧客の交流スペースを開設している．趣味，年齢，出身地などさまざまな切り口を元に気の合う仲間が集まって交流する中で，「今度一緒にここに行ってみないか？」「私もそこに行ってみたかった」「よく知らないけど，○○さんが言うのなら，面白そうだな」といった形で顧客がこだわりのアイデアを出す．こうして一般向けの募集がないクラブ限定のツアーが企画され，参加者が集まる．

以上のような顧客に関する仕組みとともに，クラブツーリズム側の仕組みについて，次のように述べている．

顧客から寄せられるこだわりや要望を具体的なツアー企画の形にする．これこそがクラブツーリズムの付加価値の本質だ．

顧客参加といっても，顧客が一人で自分のこだわりを企画に仕上げるわけではない．ツアー商品は，目的地，旅行日程，宿泊先，交通手段，食事といった多数の構成要素がからむため，素人に企画は難しい．顧客のこだわりを聞き出し，具体的な企画に落とし込むため，クラブツーリズムではフレンドリースタッフという社員が顧客と接する業務を一貫して担当する．

多くの旅行会社では，正社員はツアーの企画や手配のみを手がける．電話への応対やツアーへの添乗などは，専門業者や派遣スタッフを使って人件費を抑制している．だがクラブツーリズムでは，クラブ活動のサポート，ツアーの企画，仕入れ，参加者の募集，添乗，アフターフォローをすべてフレンドリースタッフが担当する．そうすることで，顧客の意見をあらゆる場面で聞けるようにし，すぐに企画に生かす．

次に，シニア向けサービスにおける顧客参加を紹介している記事について検

討する．2012 年 7 月 30 日の読売 AD リポート OJO（オッホ）「特集　70 歳の
マーケティング：顧客参画型の「旅」企画でシニアの細かなニーズをつかむ」[12]
は，クラブツーリズム社員へのインタビューに基づいている．
　まず，記事の概要は次のとおりである．

　　クラブツーリズムは，創業時より一貫してシニア層向け中心の旅行企画を販売．
　　独自のさまざまな顧客参画型の取り組みを通してターゲットとの距離を縮め，
　　その声をつぶさに企画に反映させることで，多くのリピーターを獲得している．
　　（中略）
　　根強い人気がある観光地へのツアーに加え，最近では「写真」「歴史」「花」な
　　どといった趣味・テーマ性のあるツアーも人気のクラブツーリズム．年間数千
　　本にも上るツアーの顧客の 7 割が 50 代〜70 代だという．企業指針に「いきいき
　　としたシニア文化を創造します」とあるように，同社が元々顧客の中心に据え
　　ているのはシニア世代だ．

　次に，クラブツーリズムと顧客との関係について，次のように述べている．

　　他の総合旅行代理業と異なっている点は，単にシニア層をターゲットにしてい
　　ることだけでなく，顧客自らが同社の事業に参画する仕組みを多数作り上げて
　　いることにあるだろう．
　　例えば，同社が毎月発行している旅行情報誌『旅の友』を手渡し（直接投函）で
　　届ける「エコースタッフ」，通称 “エコーさん” がそのひとつだ．現在，全国で
　　約 7500 人が活動しており，一人あたり自宅の近所の顧客世帯 200 軒ほどを担当
　　している．『旅の友』はツアー参加のリピーターを中心に全国約 300 万世帯に届
　　けられているが，その約 6 割はエコースタッフが届けている．
　　この独自の配送システムは 1993 年からずっと継続している．主に『旅の友』誌
　　面を通じて募集をしているので，クラブツーリズムに親近感がある人が集まっ
　　ており，“顧客参画” を提唱する同社の事業の原点にもなっている．エコース
　　タッフ同士の食事会を企画したり，それを専用の会報誌「エコー通信」で報告
　　したりと，楽しんで活動できる施策にも力を入れている．
　　“エコーさん” になる動機は，健康のため，仲間づくりのためなどが主なものだ．
　　彼らの活躍により引っ越しや二世帯住宅になったなどの細かい会員情報の更新

もスムーズに行え，また直接対面で渡す際には旅行の話も弾み，そこから次の
ツアー参加につながることも多い．営業企画部課長の吉田孝行氏も，「"エコー
さん"を通して生まれる"人と人とのつながり"は，単に当社から郵送で冊子
を配送するだけでは決して得られないものだと考えています」と話す．

　パッケージツアーの催行そのものに顧客が関わる事例について，次のように
述べている．

　エコースタッフよりも数段，同社との距離が近い仕組みが，顧客自らが同社専
属の添乗員となる「フェローフレンドリースタッフ」制度だ．同社の事業によ
り深く参画してもらうための施策として，1996 年より展開．座学や実地研修な
どを経て，添乗業務の公的資格である「旅程管理主任者資格」に合格して初め
て活動できるようになる．参加者との親和性から，募集年齢は 40 歳以上として
いるが，それ以外に特に制限はない．現在約 700 人が活動しており，国内日帰
りや 1 泊程度のツアーを中心に，多い人では 1 か月に 10 日も添乗することがあ
るという．
（中略）
ツアー終了後には，毎回レポートをツアー担当者へ提出する．参加者の様子や
些細な会話から改善点を拾い上げて本部と共有するのは，社員添乗員と何ら変
わりない．むしろ同年代であるという親近感から，参加者も話がしやすく，思
いがけないニーズを発見することもある．そんな発見からフェローフレンド
リースタッフが提案したツアーが実際に形になることもしばしばだという．
（中略）
こういった形で事業への顧客参画を促進することは，ニーズの把握やファン化
の促進，ファンから周辺の潜在顧客への拡散など，マーケティングの面での多
くのメリットにつながっている．だがその反面，きめ細やかなサポート体制も
欠かせない．営業企画部の田中貴氏は，「事業に踏み込んでいただいているだけ
に，普通の参加者よりも厳しい意見をいただくことも少なくない」と話すが，
それをしっかり受け止めて改善しているからこそ，より密な関係が築けるのだ
ろう．

　さらに，顧客同士のつながり作りについて，次のように述べている．

また，もうひとつ特筆すべきは，同社が自社と顧客とのつながりだけでなく，顧客同士のつながりを生み出そうとしている点だ．この姿勢は，エコースタッフ同士の食事会のような事業に参加している顧客間だけでなく，一般の参加者同士への働きかけにも現れている．

例えば，同社が 2007 年より運営している「クラブツーリズムカフェ」は，旅行カウンターを設置しながらも気軽に立ち寄れるカフェとして開放しており，地域密着型のコミュニケーションスペースとなっている．趣味の講座やお茶会などイベントが頻繁に行われ，仲間で行くバスツアーの相談も受け付けている．現在，関東近郊に 4 か所を展開中だ．

こうした形で顧客同士のコミュニケーションを活性化させ，時間とお金に余裕があるシニア層に新しい出会いや刺激を提案することが，単なるツアー内容のスペックで選ばれるのではない，同社ならではの付加価値である．大小さまざまな顧客同士のコミュニティーをサポートできているからこそ，自主的に事業に参画する顧客も楽しみややりがいを感じられ，同社との関係も円滑に運ぶわけだ．

久保田氏は，エコースタッフをはじめとする同社の事業に参画している顧客こそ「当社の財産」だと話す．確かにマーケティング面のメリットも大きいが，損得勘定だけで展開しているのではないことがさまざまな取り組みから顧客に伝わり，長期にわたり好循環が生まれていると言える．

こうした仕組みを通じた旅行者ニーズの把握について次のよう述べている．

シニア層の旅行に対するニーズに向き合ってきた中で，同社が着目しているのは「物見遊山の旅から目的志向の旅へ」という大きな変化だ．直接顧客と接する機会が多いことを活かし，こうした変化にもいち早く対応し，近年では「どこへ行くか」ではなく「どこへ誰と行くか，何をするか」という視点でのツアー開発に取り組んでいる．さらに，歩く時間などに余裕を持たせた「ゆったり旅」，一人でも疎外感なく参加できる「お一人様限定」ツアーなど，個別ニーズの受け皿を挙げればきりがないほどだ．

以上の 2 つの記事をふまえて，クラブツーリズムのビジネスモデルについて，次のように指摘することができる．

　クラブツーリズムは，「顧客参加型マーケティングシステム」を構築しているといえる．まず，こだわりを持った顧客に旅行企画に参加させる仕組みを持っている．専門のスタッフである「フレンドリースタッフ」との協働で特定ユーザー向けのツアーが誕生する．それを支える基本的な仕組みには，似たようなニーズを持つ旅行者のグループ化としての「クラブ」の設置とその活動拠点の開設が挙げられる．また，フレンドリースタッフを派遣スタッフ等ではなく，本来は企画や手配など専門性の高い業務を担う正社員が担当している．さらに，顧客参加の仕組みとして，同社が発行する旅行情報誌を配送する「エコースタッフ」，顧客自らが同社専属の添乗員になる「フェローフレンドリースタッフ」といった制度もある．

　こうした仕組みよって，① 個性的なツアーが企画可能，② ブランドイメージの形成，③ モジュラー化の際に応用可能，という 3 つのメリットを得ている．そして，クラブツーリズムは，同業他社に対しても，一般の旅行者に対しても，簡単に模倣されないようなパッケージツアーを企画することが可能になった．また，それを実現する仕組みと能力を有しているといえる．

第3節　パッケージツアーによる旅行サービスの最適化

第1項　観光者のニーズと旅行サービス

　パッケージツアーは，旅行に必要なモジュール，すなわち旅行素材と呼ばれるサプライヤーが提供する旅行サービスが組み合わされている．ここで，旅行素材について，パッケージツアーでの利用と FIT などそれ以外での利用とのあいだにおいて，提供するサービスの内容，旅行者にとっての機能と役割は同一なのだろうか，もし同一ではないとすればどのように異なるのか，について検討したい．

　パッケージツアーにおいて，旅行サービスの組み合わせと"組み合わせ方"，各サービスの利用の範囲と方法を規定する際にもととなるのは旅行企画であり，さらにいえばその目的である利便性や確実性が高い旅行，経済性や合理性が高い旅行であるといえる．言い換えると，パッケージツアーにおいて，利便性や確実性が高い旅行，経済性や合理性が高い旅行という商品としての目的は，各旅行サービスの利用の範囲と方法を決定し，それを予約・手配に反映させる役割を担っている．

　旅行業者－サプライヤー間の調整の結果は，例えば利用者の属性，すなわち個人旅行客か，パッケージツアー客かによって，提供サービスの機能・役割を変えていることからも見ることができる．ホテルにおいては，客室備品のアメニティやミニバーなどで提供物を加減する，利用時間（チェックイン，チェックアウトの時間）を変更する，プールやスポーツジム，スパ・大浴場，エステなどの館内施設の利用の有料・無料などの区別がある．交通機関においては，パッケージツアー客の座席を一箇所に集中させる，団体用の入口を設けるなどで区別している．これらは販売価格や利用形態の違いによっても同様の対応が見られる．

　特にFITやスケルトン型商品では，各旅行サービスの利用について明確な目的やテーマが設定されていない．そのため，素材の利用をめぐる範囲と方法が未定であり，あらゆるニーズやケースに備えておくことが求められる．つまり，あらかじめ利用の範囲と方法を定めておくことはできず，各旅行サービスのもつ機能と役割のすべてにおいて利用を想定しておく必要がある．

　以上のように考えると，パッケージツアーにおいて，特に高度に擦り合わされたパッケージツアーにおいて，各サプライヤーが持つすべての機能・役割が使用されるのではなく，もしくはすべてが利用されるのではなく，利便性や確実性が高い旅行，経済性や合理性が高い旅行の目的に応じて限定的に利用される，または一部を変更して利用されるといえる．それに対して，FITでは，旅行素材の利用の範囲と方法について，日程や予算，同行者などの都合によって，結果的に限定的な利用になる可能性はあるものの，あらかじめ決められておらず，サプライヤー側も把握することができないので，旅行者が必要に応じて，または適宜サプライヤーに指定（指示）する，すなわち旅行者自身が旅行目的に合わせてそれぞれ最適に設定することになる．

　それを図示したのが図5-9である．図左側にある旅行サービスが機能を限定して切り出されている（点線部分）．例えば，宿泊先のホテルで提供されるサービスは，客室の利用や食事の提供に限定される．食事はツアー客の嗜好や特徴に合わせてメニューや分量が調整されるほか，他の宿泊客とは異なる会場で提供される場合もある．旅行サービスに対しての支払いは，FITでは旅行前・旅行中にその都度，個別に支払われるのに対し，パッケージツアーでは個人的な費用を除いて旅行前にまとめて支払われる．また，現地での観光は旅行業者によるオプショナルツアーとして提供され，例えば日程の中で自由行動の日に

機能限定して切り出し

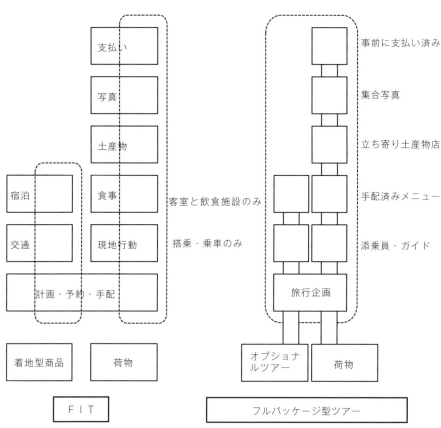

図5-9 フルパッケージ型ツアーの最適化

（出典）田中（2009：123）を元に筆者作成.

組み込むことができる．スーツケースなどの大型の荷物は，旅行業者の手配によって観光バスやホテルなどのサプライヤーが運搬・保管し，旅行者自身が運搬・保管する時間は限定される．よって，観光中は手回り品のみ携行すれば済む．さらには，FITでは，旅行者が自由に選択し買い回りができる「土産物店」も，パッケージツアーでは，予めツアーに組み込まれた土産物店や免税店（図5-9，図5-10では「立ち寄り土産物店」と表記）に強制的に立ち寄る．

　図5-9の左側に示したFITでは，旅行の計画・予約・手配は旅行者自身によって行われる．その中で，綿密に計画を立て，それに合わせて必要な予約・手配をする旅行者がいる一方で，大まかな日程と宿泊先だけを決めておいて，あとは成り行きに任せるような旅行者もいる．また，綿密に立てた計画も，天候やトラブルなどで追加・削減・変更されることがある．そして，各サプライヤーは，自らが持つ旅行サービスをすべて使用できる状態にして旅行者を受け入れる．実際には，旅行者の都合により利用されないサービスもある．それに対して，図5-9の右側に示したパッケージツアーでは，旅行業者によって旅行企画が用意され，必要な宿泊や交通が予約・手配される．つまり，旅行に関するさまざまなサービスの機能を限定して切り出し，見た目の上で一社がまとめて提供している．また，旅行企画に沿ってサプライヤーが提供するサービスが限定され，相互に結び付けられ，全体として最適化される．

　また，「機能を限定して切り出す」際に，どの機能をどの程度切り出すかという点で，フルパッケージ型とスケルトン型を説明することができる．図5-9がフルパッケージ型を想定しているのに対して，図5-10はさらに機能を限定して切り出したスケルトン型を想定している．両者を比較すると，一例としてのスケルトン型（図5-10）において，フルパッケージ型（図5-9）に含まれている「集合写真」や「手配済みメニュー（食事）」，「添乗員・ガイド」が省略されている．

機能限定して切り出し

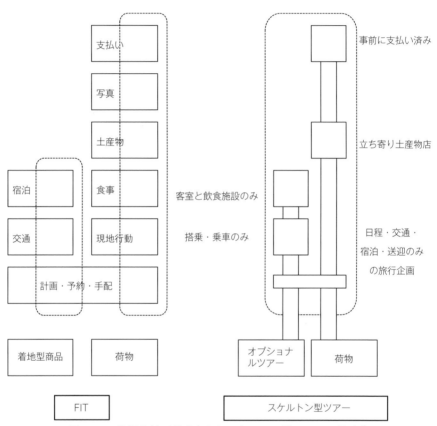

図 5-10 旅行素材が省略されたスケルトン型ツアーの最適化

（出典）田中（2009：123）を元に筆者作成.

第2項　上級ユーザー的旅行者とパッケージツアー

　利便性や確実性が高い旅行，経済性や合理性が高い旅行をめぐる最適な設定は，関連する知識やスキルを持つ上級ユーザー的旅行者であれば可能であるものの，初級・中級ユーザー的旅行者の場合は困難である．このようなユーザーのスキルの差を補って，利便性や確実性が高い旅行，経済性や合理性が高い旅行する，または最大化するという点から，「旅行サービスの利用の範囲と方法に関する最適な設定」がパッケージツアーの商品としての中心的な価値であるといえる．当然，初級・中級ユーザー的旅行者はその価値を求めてパッケージツアーを利用する．初級・中級ユーザー的旅行者の一部は，旅行経験を重ねることによって，やがて上級ユーザー的旅行者に成長する．しかし，初級・中級ユーザー的旅行者は，常に生まれ続ける，または存在し続けるという点も指摘することができる．

　では，上級ユーザー的旅行者は，「旅行サービスの利用の範囲と方法に関する最適な設定」という価値を持つパッケージツアーを利用しないのであろうか．髙井（2013）が示した「自律的な観光者」は，旅行キャリアレベルの最上位にある「完全に自由行動できる個人旅行による自己実現」を理想の状態と考え，そのような旅行を実行するだけの経験やスキルを持ちながらも，つまり，先に記した「上級ユーザー的旅行者」でありながらも，個々の旅行の状況次第では合理的な選択として旅行業に依存した旅行形態，すなわちパッケージツアーも受け入れ，それぞれの旅行から最大限の満足を得ようとする．つまり，上級ユーザー的旅行者であっても，そのほうが合理的または効率的であると判断すれば，「旅行サービスの利用の範囲と方法に関する最適な設定」がされたパッケージツアーが利用されるといえる．

　以上を模式的にまとめたのが図5-11である．パッケージツアーについては，商品の種類としてのフルパッケージ型とスケルトン型，商品の製品アーキテクチャとしてのインテグラル型とモジュラー型の関係性を示した．また，パッケージツアーの中心的な価値として，利便性や確実性が高い旅行，経済性や合理性が高い旅行のための「旅行サービスの利用の範囲と方法に関する最適な設定」を提示し，その度合いについてスケルトン型に比べてフルパッケージ型が大きいことを示した．さらに，「旅行者の旅行業者に対する依存度」について，FITよりパッケージツアーのほうが大きく，スケルトン型よりフルパッケージ型のほうが大きいこと，「旅行者に求められる旅行に関する知識・技術」に

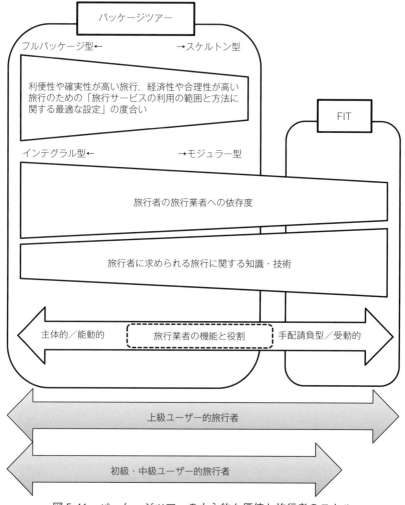

図 5-11　パッケージツアーの中心的な価値と旅行者のスキル

ついてはその逆になっていることを示した．続いて，旅行業における手配請負型・受動的業態と主体的・能動的業態（パッケージツアー造成）（小林弘二，2009：48）を示した．そして，旅行者のうち，初級・中級ユーザー的旅行者については，主にパッケージツアーを利用すること，上級ユーザー的旅行者については，個々の旅行の状況次第で合理的な選択をする，すなわちフルパッケージ型からスケルトン型，そして FIT まで，幅広く選択する可能性があることを示した．

第3項　インテグラル型への回帰と「並行イノベーション」

　パッケージツアーにおいて，モジュール間のインターフェース設計ルールを自社だけで閉じることは困難であり，完全なクローズ－インテグラル型の商品，完全なクローズ－モジュラー型の商品は存在しない．この点について，第3章で触れたサービス分野における「オープン－インテグラル型」のアーキテクチャから検討したい．

　北島（2009a）の議論では，GSM が「クローズ－インテグラル型」のアーキテクチャであるのに対して，SC と百貨店は個別店舗（サブシステム）のインターフェースがオープンであることは共通しているものの，個別店舗間での相互の調整をめぐって違いがあり，SC は「オープン－モジュラー型」，百貨店は「オープン－インテグラル型」のアーキテクチャである．北島（2009a）は，こうした指摘の前提として，①「店舗の設置・運営」と「販売」の分業状態，②店舗設置後の状況に応じた調整（擦り合わせ），の2つの軸でアーキテクチャを分析している（図5-12）．

　それに対してパッケージツアーは，① は基本的に他社との分業が前提であり，② は擦り合わせの程度によってフルパッケージ型とスケルトン型に分かれている．よって，パッケージツアーでは，すでに指摘したように，完全なクローズ型の商品は存在しないと考えられるため，そもそもオープン型であることを前提に，擦り合わせの程度をめぐりインテグラル型のフルパッケージ型とモジュラー型のスケルトン型とのあいだでアーキテクチャが変化すると指摘できる（図5-13）．

　以上のように，サービスの領域におけるアーキテクチャについて，GMS やSC，百貨店という流通とパッケージツアーを比較すると，次のようなことがいえる（図5-14）．SC は，個別店舗間での相互の調整は行われないため，オープン－モジュラー型のアーキテクチャであるため，パッケージツアーでいえば，

		店舗設置後の状況に応じた調整 （擦り合わせ）	
		あり	なし
「店舗の設置・運営」と「販売」の分業状態	なし	総合スーパー	
	あり	百貨店	ショッピングセンター

図 5-12　北島（2009a）による流通分野の分析軸

（出典）北島（2009a）を元に筆者作成.

スケルトン型ツアーに該当する．また，百貨店は，オープン−インテグラル型のアーキテクチャであるため，フルパッケージ型ツアーに該当する．しかし，日本のパッケージツアーでは，すべてのサービスが自社内で完結することがない，すなわち完全なクローズ型がないため，GMS に相当するタイプは存在しない．よって，流通分野とは理由や状況は異なるものの，同じサービス商品としてのパッケージツアーについても，「オープン−インテグラル型」のアーキテクチャが存在することが指摘できる．また，北島（2009a）および北島（2009b）の流通分野では，サービス商品として分業がなく（1社ですべて完結），同時に擦り合せがないという「クローズ−モジュラー型」が存在しないのに対して，パッケージツアーは，そもそも完全なクローズ型が不可能であるため，「クローズ−モジュラー型」が存在しない．ただし，もし1社内ですべて完結するようになった場合，擦り合せをしないアーキテクチャが選択できるかどうかは不明である．

　以上のように，パッケージツアーのアーキテクチャは，そもそもオープン型であることを前提に，擦り合わせの程度をめぐりインテグラル型のフルパッケージ型とモジュラー型のスケルトン型とのあいだで変化する．そこで，いったんオープン−モジュラー型になったパッケージツアーのアーキテクチャについて，特に旅行業者によるサービスの個性化による差別化を対象に，インテグラル型への回帰，並行イノベーションという視点から検討したい．

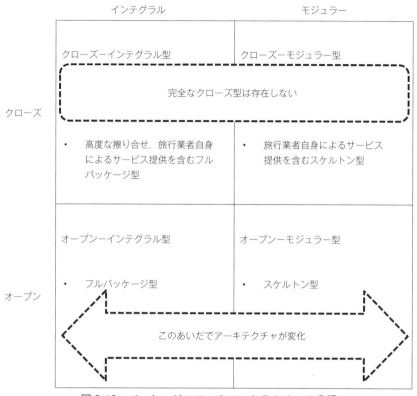

図5-13　パッケージツアーのアーキテクチャの分類

（出典）藤本（2001：6）を元に筆者作成.

　これまで，本研究は，パッケージツアーにおいて，その造成や販売，実施における技術革新に加えて，価格競争や旅行者の旅行経験の成熟化によって，オープン－モジュラー型の方向に製品アーキテクチャが変化してきたことを前提に議論を進めてきた．しかし，そうした変遷や変化と並行して，パッケージツアーの誕生以来ずっと開発・販売され続けてきたのがフルパッケージ型商品であり，近年になって注目を集めているのがその発展型ともいえる高級商品やSIT商品，クラブ型旅行業者による商品である．海外パッケージツアーの誕生から第5章で取り上げたような事例まで，モジュラー型のイノベーションとともに，インテグラル型のイノベーションも重ねられてきた．そして，同業他社やサプライヤーとの競争のほかに，FITとの競争も存在する．そうしたパッ

		状況に応じた調整 （擦り合わせ）	
		あり	なし
分業状態	なし	総合スーパー	
		該当なし	
	あり	百貨店	ショッピングセンター
		フルパッケージ型	スケルトン型

図 5-14　流通分野とパッケージツアーの対比

（注）点線で区切られた上段が流通業，下段がパッケージツアー．

ケージツアーのアーキテクチャの変化においては，サプライヤーが他社であり，観光素材が公的な存在である以上，完全なクローズ型は不可能なため，パッケージツアーを分析する際の「クローズ」とは，完全なクローズ型ではなく，「クローズ志向」または「一部の要素のクローズ化」となる．

　こうした視点からフルパッケージ型を見た時に，第5章第2節で取り上げた事例は，利便性や確実性が高い旅行，経済性や合理性が高い旅行をめぐるイノベーションであったと指摘することができる．海外現地の日本化や自社トロリーバスの運行は他社が組み込むことのできない利便性や気軽さ，カリスマ添乗員は高い専門性を通じて，個人では難しい予約・手配をそれぞれ実現している．そして，旅行業者と旅行者がそれぞれ同時にイノベーションに関わるという「並行イノベーション」という視点から見た場合には，クラブツーリズムにおける商品開発では，利便性や確実性が高い旅行，経済性や合理性が高い旅行をめぐる新たなニーズの創造において旅行者が参加している点を指摘できる（図 5-15）．

　旅行者やクラブのメンバーがニーズ情報に基づいて求められる利便性や確実性が高い旅行，経済性や合理性が高い旅行を設定し，旅行業者が技術情報に基づいて，それを実現するための予約・手配を行っている．そのあいだに，「フレンドリースタッフ」が「ツールキット・モジュール」として，並行イノベーションを実現するツールとなっている．このような利便性や確実性が高い旅行，

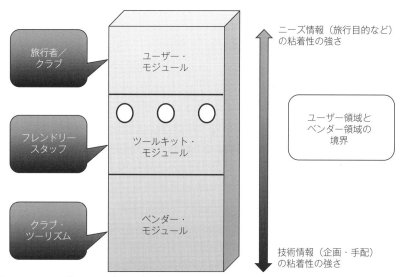

図 5-15　クラブツーリズムを事例にしたパッケージツアーの並行イノベーション戦略を可能にするモジュール分割

（出典）柴田（2008：147）を元に筆者作成.

　経済性や合理性が高い旅行をめぐるイノベーションにおいては，その水準を高めるために「擦り合わせ」が行われ，その担い手である能力や情報を持ったステークホルダーが参加していることが分かる.

注
1 ）例えば，知人同士，グループ同士で航空座席を隣り合わせにする，客室の向きや眺望（オーシャンビュー，シティービューなど）をリクエストに応じて手配するなど，店頭での社員による接触（接客）を通じたサービスがある.
2 ）旅程管理とは，募集型企画旅行・受注型企画旅行を実施する場合において，旅行者に対する運送・宿泊サービスなどの確実な予約や提供，計画に変更が生じた場合における代替サービスの手配など，旅行者の安全と旅行の円滑な実施を確保するために旅行会社が行う措置のこと（JTB 総合研究所「観光用語集」https://www.tourism.jp/tourism-database/glossary/　2020 年 1 月 22 日閲覧）.
3 ）この点に関連して，狩野（2008：62）によれば，政府の規制緩和の方針により，売り手として航空業界が価格設定の主導権を握るようになり，交渉力が増した一方で，旅行業界は，規制緩和されたチャーター便を活用することにより，定期便を利用したものより価格の安い旅行商品を造成することができるようになった.

4）日本旅行「おもしろ旅企画ヒラタ屋」http://www.nta.co.jp/hirataya/（2017 年 8 月 22 日閲覧）

5）ワールド航空サービス「添乗員の横顔」http://www.wastours.jp/voice/tenjoin_yoko-gao/（2014 年 9 月 14 日閲覧）

6）グローバルユースビューロー「スタッフ紹介」http://www1.gyb.co.jp/staff/staff_list. php,「同行のツアーコンダクター紹介」http://www1.gyb.co.jp/tourlist/tg.php（2014 年 9 月 14 日閲覧）

7）JTB ワールドバケーションズ「ルック JTB の魅力　シャトルバス　ハワイ」http://www.lookjtb.com/lookjtb/miryoku/shuttlebus/hawaii.asp（2014 年 9 月 14 日閲覧）

8）エイチ・アイ・エス「H.I.S. オリジナルトロリー LeaLea トロリー」http://www.his-j.com/tyo/tour/tour_special/lealea.htm（2014 年 9 月 14 日閲覧）

9）関連する先行研究に狩野（2008：68）がある.

10）井原（2003：67）によると，近畿日本ツーリストは，1995 年 4 月に，次のような「クラブツーリズム」を宣言した．高齢化社会の進展を受けて，時代の要請を「孤独の解消」「健康づくり」「社会参加意識の高まり」の 3 つに集約し，これらの社会的要請にこたえるべく，同じ興味や思いのもとに集まった仲間同士が共感し合いながら旅を楽しむ，新しい旅のあり方を提供していこうと決めた．

11）日経 BP 社「21 世紀に勝つビジネスモデル　クラブツーリズム：顧客自身がこだわりのツアーをつくる」（町田章）http://www.nikkeibp.co.jp/style/biz/column/win-/061026_4th/index.html（2015 年 3 月 14 日閲覧）

12）読売新聞「読売 AD リポート OJO（オッホ）」特集　70 歳のマーケティング：顧客参画型の「旅」企画でシニアの細かなニーズをつかむ http://adv.yomiuri.co.jp/ojo/tokusyu/20120806/201208toku5.html（2015 年 3 月 14 日閲覧）

第6章　パッケージツアー分析の新たな視点と枠組み

第1節　製品アーキテクチャ論からの分析の価値と可能性

　本研究の目的は，海外旅行の自由化前後の 1960 年代中頃から OTA 登場前の 1990 年代後半の期間を対象に，日本のパッケージツアーについて，製品アーキテクチャの視点からの検討を通じて，パッケージツアーの商品としての構造や特性を明らかにし，それをふまえ，イノベーションの契機や仕組み，業界内での競争において採用される戦略を明らかにすることである．本研究における研究の結果，次のような成果を得た．

- パッケージツアーについて，商品としての構造・構成や特性，中心的な価値を分析する視点として，製品アーキテクチャ論からの検討が有効であることが明らかになった．
- パッケージツアーについて，イノベーションの契機やその仕組，競争における焦点を分析する視点として，製品アーキテクチャ論から検討が有効であることが明らかになった．

第1項　パッケージツアーの製品アーキテクチャ

　本研究では，パッケージツアーについて，サプライヤーを「部品メーカー」，旅行業者を「組み立てメーカー」と見立てた上で検討し，次のように結論を得た．

(1) パッケージツアーの構造と特性

　まず，パッケージツアーの目的地や素材である交通や宿泊のサービスの多くは，あらゆる旅行業者のあらゆる旅行企画に対応できる．多くの素材のイン

ターフェースが共通化されているため，設計構想である旅行企画までもがパン
フレット等で公開されると，ライバル他社による類似商品の開発が可能になる．
実際に，各社のパッケージツアーでは，似たような内容や構成の商品が見られ
る．こうした点を製品アーキテクチャという視点から見ると，パッケージツ
アーの素材は，そのインターフェースが共通化していて，どの旅行業者でも，
どのパッケージツアー・旅行企画でも，旅行素材の寄せ集めで商品を作ること
が可能である．その一方で，旅行業者とサプライヤーのあいだで，資本関係な
ど特別な理由をもとにすれば，戦略的にモジュールとしてのインターフェース
を閉じることができ，その結果として特定の旅行業者，特定のパッケージツ
アーは，ユニークな特徴を持つことができる．

　次に，パッケージツアーの商品価格をめぐっては，パッケージツアーの素材
のインターフェースは共通化しているとみなすと，一部の素材をより低価格の
ものに入れ替えることで，商品価格の引き下げが実現できる．ただし，それ自
体が旅行目的またプロモーション上のアピールポイントになっているような素
材の場合，また，価格やサービス品質について素材同士のあいだに大きなレベ
ルの差が生じる場合，入れ替えによってパッケージツアーの旅行企画や商品と
しての価値に影響を与えてしまう可能性がある．他方，パッケージツアー全体
を通じて提供するサービスを見直し，いくつかの素材を組み合わせから外すこ
とで値下げが可能になる．しかし，極端に組み合わされる素材を削減すると利
用しづらいため，実際的な使い勝手に合わせて，組み合わされる素材や素材数
を調整することが可能である．ただし，理論的にはパッケージツアーの旅行素
材の入れ替えは可能であるものの，商品としての目的を達成し，顧客満足を得
るには，旅行企画に合った旅行素材・観光素材の使用が必要であり，フルパッ
ケージ型ツアーでは，現実的には入れ替えができない場合がある．また，旅行
素材の入れ替えが比較的容易なのはスケルトン型ツアーであり，その点でスケ
ルトン型ツアーはオープン－モジュラー型の製品アーキテクチャを有している
といえる．

　続いて，パッケージツアーを構成する要素（コアサービス，モノ情報）は，企画
（設計）され組み立てられた段階では物理的につながっているわけではなく，旅
行企画（「統整」，シナリオ）に沿って仮想的に組み合わされている．各要素は，
旅行者によるパッケージツアーの利用を通じて初めてつながり，旅行者の移動
や参加によってサービスが実現される．これは，独立したサービス商品として

の旅行素材は，パッケージツアーを構成するモジュールとして，旅行サービスに関する「（利用権）情報」（佐藤，1997：5-6）として存在しているためである．そのため，情報としての旅行素材を構成要素とするパッケージツアーのアーキテクチャについて，オープン化，モジュラー化しやすい性質を有している．

　さらに，パッケージツアーは，旅行素材の特性からオープン型になりやすいため，インテグラル型を強めることによって，結果的に旅行素材のインターフェースが当該 1 社に閉じられるようになり，より模倣が難しくなる．インテグラル型を強めるためには，コストがかかるものの，他社による模倣を防ぐことができる．

(2) パッケージツアーにおける旅行業者自身によるサービス

　日本のパッケージツアーについて，その構成要素の多くは，旅行業者から独立した他社から提供されている．そのため，パッケージツアーにおいて，モジュール間のインターフェースの設計ルールを自社だけで閉じることは事実上困難であり，完全なクローズ－インテグラル型の商品と完全なクローズ－モジュラー型の商品は存在しないといえる．その上で，自社の裁量のみでインターフェースの設計ルールを閉じることができるような，旅行素材としての旅行業者自身によるサービスについて，次のようなことが指摘できる．

　サプライヤーが提供する基本的なサービスは，どの旅行業者にも，どのような企画のパッケージツアーにも対応可能であり，同時に FIT の客にも対応している．これは，宿泊サービスとして完成されたモジュールになっているからである．

　また，パッケージツアーにおいて，旅行業者自身によるサービスとして「旅行サービスの予約・手配」と「旅程管理」がある．その中で，前者においては，素材の組み合わせ方とその過程において，構成要素間のつなぎ方のイノベーションが他社との競争の焦点になる．後者においては，各要素間の調整やより効果的な接続を目的としたサービスは，旅行業者にこそ提供可能である．

(3) FIT（個人自由旅行）とイノベーションを引き起こすパッケージツアーの性質

　競争相手としての FIT とイノベーションを引き起こすパッケージツアーの性質について，次のようなことが指摘できる．

　大手旅行業者は，収益が見込めないため FIT 対応商品を取り扱うのが難し

く，また，売り手として交渉力がなく，旅行者のニーズに合った高付加価値商品をより安く作らなければならないため，FIT が旅行業者にとって競争相手になる．また，FIT の増加は，旅行者の成熟に加え，マーケティング不足や収益性の低い構造など，旅行業者側の課題がある．その中で，インターフェースをクローズにした素材の利用で，FIT との差別化が可能である．

この FIT について，ユーザー自身が自分の手で製品システムを組み上げるような製品領域，すなわち DIY とみなすと，FIT が DIY のように最終的な製品システムの組み上げ作業が，メーカー側からユーザー側に移転されているのは，そもそもパッケージツアーを構成する旅行素材のインターフェースがオープンになっているからである．

また，パッケージツアーは，旅行者による機能の追加を前提にしていて，それによって「旅行」という経験全体が完成すると仮定できる．ただし，外国語力や旅行経験などで，一般ユーザーが追加できるサービスに違いが出てくる．

(4) パッケージツアーにおけるイノベーションの主体

最後に，パッケージツアーのイノベーションの主体について，次のようなことが指摘できる．まず，旅行業者によるイノベーションとして，旅行業者が直接提供する構成要素としての添乗員，流通におけるイノベーションのひとつとしてのメディア販売，現地での受け入れ体制の日本化などがある．また，サプライヤーによるイノベーションとして，代表的なものにジャンボジェット機の就航による旅行代金の低下，高い誘因力と旅行者からの高い支持があるものの，パッケージツアーに組み込みにくい観光素材や旅行素材がある．さらに，旅行経験の成熟や髙井（2013）が指摘する上級ユーザー的旅行者の登場により，旅行やパッケージツアーをめぐる情報の非対称性において「旅行業者＜旅行者」という逆転が起き，旅行業者側の優位性が変化している．旅行業者は，サプライヤー自身による差別化の取り組みや，FIT を上回るメリットについて実現する必要がある．

第2項　パッケージツアーをめぐる競争の焦点と対応

海外パッケージツアーをめぐる競争の焦点と対応について，製品アーキテクチャ論の視点から次のように考察した．

パッケージツアーをめぐる競争について，先行研究の検討，製品アーキテク

チャ論からの検討を通じて，価格以外の焦点として，① クローズ－インテグラル型に近づける，② どこをクローズにするか，誰に対してクローズにするかを戦略的に設定する，③ アーキテクチャそのものの「擦り合わせ」を高度にする，という3点を指摘した.

　そして，その3点をパッケージツアーの変遷における競争の事例を通じて検討した結果，① インターフェースがクローズになっているモジュール＝旅行素材の利用，または旅行業者自身が提供するサービスの個性化，② 高度な「擦り合わせ」が必要な設計構想＝旅行企画，③ 設計構想＝旅行企画の開発における旅行者との協働関係とそのために必要なツール，という3点に再整理した.

　以上のように，本研究では，パッケージツアーの変遷におけるイノベーションの契機や仕組み，競争の焦点をめぐって，変化が起きた理由や変化への対応を明らかにした. それに対して，実際には，パッケージツアーにおいて変化していない点があり，そのひとつとしてフルパッケージ型が長く存在し続けていることが指摘できる. パッケージツアーにおける「市場から要求される商品としてのパフォーマンス」について，それを「利便性や確実性が高い旅行，経済性や合理性が高い旅行」であるととらえると，パッケージツアーにおける「擦り合わせ」とは，利便性や確実性が高い旅行，経済性や合理性が高い旅行をめぐる新たなニーズの創造であり，新しい要素＝素材や技術への対応であるといえる. また，パッケージツアーの商品としての中心的な価値は，旅行者の旅行をめぐる知識やスキルの差を補って，利便性や確実性が高い旅行，経済性や合理性が高い旅行を実現する，または最大化するための「旅行サービスの利用の範囲と方法に関する最適な設定」である. こうした価値に依存する初級・中級ユーザー的旅行者は，常に生まれ続ける，または存在し続ける. そして，上級ユーザー的旅行者も，自分自身で予約・手配するよりも合理的または効率的であると判断すれば，旅行業者によるサービス，すなわちパッケージツアーが利用される. さらに，高い利便性や気軽さ，高い専門性，個人では難しい予約・手配など，利便性や確実性が高い旅行，経済性や合理性が高い旅行をめぐるイノベーションがフルパッケージ型において見ることができる. そして，クラブ型旅行業者では，旅行業者と旅行者が同時にイノベーションに関わる「並行イノベーション」によって，利便性や確実性が高い旅行，経済性や合理性が高い旅行が創造され，それにもとづいてフルパッケージ型の商品が開発されている.

このように，製品アーキテクチャから分析すると，フルパッケージ型のパッケージツアーが長く存在し続ける理由を説明することができる．

第2節 「オープン－インテグラル型」と旅行業者の戦略

　最後に，本研究は，日本のパッケージツアーは，その構成要素の多くが独立した他社から提供されているため，パッケージツアーにおいて，モジュール間のインターフェース設計ルールを自社だけで閉じることは困難であり，完全なクローズ－インテグラル型の商品と完全なクローズ－モジュラー型の商品は存在しない点を指摘した．また，それを前提に，自社の裁量のみでインターフェース設計ルールを閉じることができる旅行素材としての旅行業者自身によるサービスが競争の焦点になる点についても指摘した．それらの点をふまえ，ここでパッケージツアーをもとに旅行業者の戦略について指摘したい．

　工業製品のアーキテクチャの分類では，自動車やオートバイ，小型家電などのクローズ－インテグラル型，汎用コンピュータや工作機械，レゴ（おもちゃ）などのクローズ－モジュラー型，そして，パソコンやパッケージソフト，自転車などのオープン－モジュラー型がある．それに対してパッケージツアーでは，例えばオープン－モジュラー型の商品であるスケルトン型ツアーがアーキテクチャを変更する場合，クローズ－インテグラル型やクローズ－モジュラー型は，旅行業者自身によるサービスのみのため，限定的なものであり，実際には「クローズ志向」または「一部の要素のクローズ化」である．そのほかは，インテグラル型を強めた結果による擬似的なクローズ化を目指す，または「オープン－インテグラル型」を選択せざるを得ないといえる．前者については，北島（2009a）および北島（2009b）を元にすれば，同じサービス商品として，スケルトン型ツアーはショッピングセンターと，フルパッケージ型ツアーは百貨店と，それぞれの戦略や課題において共通する点が存在する可能性がある．後者については，理論的には，企業内またはグループ内でパッケージツアーの構成要素のほとんどを賄うための，旅行コングロマリット化の戦略が必要である[1]（図6-1）．

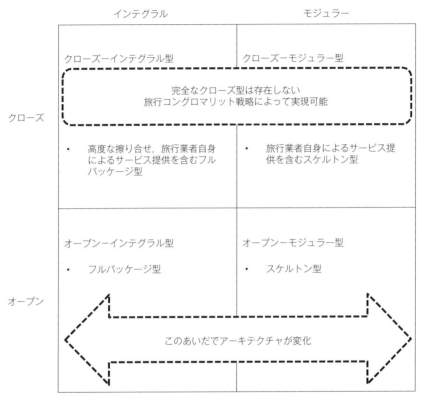

図 6-1　「オープン－インテグラル型」と旅行業者の戦略

（出典）藤本（2001：6）を元に筆者作成.

第3節　今後の研究課題

　本研究は，海外パッケージツアーをめぐる先行研究のうち，商品としての構造や特性を検討した研究，および分析的に検討した研究を取り上げ，それらにおける議論について主に工業製品の分析に用いられる製品アーキテクチャ論，特にオープン－モジュラー型の構造から模式的に説明を試みた．

　実際には，パッケージツアーをめぐる競争は連続して起きており，その背景となる要因も常に変化している．要因については，ビジネス・アーキテクチャで議論される，技術の流れ，市場の流れ，組織の流れといった視点（青島・武石，2001：31）から分析できる．そうした具体的なパッケージツアーの変遷やそれを説明するための視点としての製品アーキテクチャのダイナミズムについては今後の研究課題としたい．

　具体的には，パッケージツアーがその誕生から現在までどのように変遷してきたのか，競争状況や市場環境の変化を含めて検討する必要がある．なぜなら，それぞれの段階において，製品アーキテクチャをどのように変化させていったのかも明らかにすることができるだろう．その中で，実際のパッケージツアーを取り上げて実態を調査する必要がある．旅行業者間，パッケージツアー間での競争において，インターフェースがクローズになっているモジュールの利用，旅行業者自身が提供するサービスの個性化，高度な「擦り合わせ」が必要な旅行企画が行われているか，旅行者による機能追加など「旅行者参加」の実態を確認する必要がある．

　本研究における考察や結論については，関連する先行研究での議論や他の視点からの研究成果と類似した部分や共通する部分もあるものの，それらがパッケージツアーの製品アーキテクチャ論という視点からも同様のことがいえることを確認した点が研究の成果であり，新規性のひとつであると考える．言い換えれば，パッケージツアーをめぐる先行研究で議論されてきたような特徴について，製品アーキテクチャの視点から説明できることを指摘することができた．よって，パッケージツアーに関する他の現象や事例についても，本研究が示した研究の枠組みを応用し分析することで，新たな知見を得られる可能性がある．

注

1 ）ジャルパックと航空会社の日本航空，びゅうトラベルサービスと鉄道会社の東日本旅
　　客鉄道（JR 東日本），エイチ・アイ・エスとテーマパークのハウステンボスグループ，
　　宿泊施設の「変なホテル」というそれぞれの関係は，完全な旅行コングロマリットで
　　はないものの，そうした方向性を持つ戦略の事例のひとつといえる.

参考文献・ウェブサイト・資料

参考文献

※末尾に「(＊)」がある文献は，参考資料を兼ねている（p.178 参照のこと）.

【和文】

青島矢一・武石彰（2001）「第 2 章　アーキテクチャという考え方」，藤本隆宏・武石彰・青
　　島矢一編『ビジネス・アーキテクチャ　製品・組織・プロセスの戦略的設計』有斐閣，
　　pp.27-70.

秋山和歩（1995）『戦後日本人海外旅行物語　巨いなる旅の時代の証言』実業之日本社.
　　（＊）

秋山学（2006）「旅行プランニングの過程──パッケージツアーの選択──」，前田勇・佐々
　　木土師二監修・小口孝司編集『観光の社会心理学──ひと，こと，もの─3 つの視点か
　　ら──』北大路書房.

東徹（1996）「第 7 章　観光商品の計画」，長谷政弘編『観光マーケティング──理論と実際
　　──』同文館，pp.81-95.

石井昭夫（1999）「国際観光における消費者保護──「EU のパッケージ旅行に関する理事会
　　指令」とその影響──」『立教大学観光学部紀要』1 号，pp.17-30.

石井淳蔵・嶋口充輝・栗木契・余田拓郎（2013［2004］）『ゼミナール マーケティング入門』
　　第 2 版，日本経済新聞社.

石崎祥之（2008）「ランド・オペレーター経営の変化」『立命館経営学』47 巻 4 号，pp.87-96.
　　（＊）

石森秀三（2001）「21 世紀における自律的観光の可能性」『国立民族学博物館調査報告』23
　　巻，pp.5-14.

乾弘幸（1999）「観光ビジネスにおける競争と連携の戦略　〜VAS（Value Alliance System）
　　の構築〜」『九州産業大学商経論叢』40 巻 3 号，pp.247-268.

乾弘幸（2008）「観光行動プロセスにおける「社交」と「経験」」，第 14 回観光に関する研究
　　論文，財団法人アジア太平洋観光交流センター，pp.38-42.

井原久光（2003）「観光ビジネスにおけるリレーションシップ・マーケティング──近畿日
　　本ツーリスト「クラブ・ツーリズム」の事例──」『長野大学紀要』24 巻 4 号，pp.

55-71.（＊）

井原久光（2005）「戦略的な教育機関の研究：クラブツーリズム株式会社における THE CHIE HOUSE の事例分析」『東洋学園大学紀要』13 巻, pp.161-178.

今西珠美（2001）『旅行企業の国際経営』晃洋書房.（＊）

今西珠美（2010a）「欧州における日本の旅行企業の現地経営――近畿日本ツーリスト欧州法人の事例――」『流通科学大学論集（流通・経営編）』23 巻 1 号, pp.63-87.（＊）

今西珠美（2010b）「米国旅行業界の構造と発展」『流通科学大学論集（流通・経営編）』22 巻 2 号, pp.93-114.（＊）

今西珠美（2011）「欧州旅行業界の構造と発展」『流通科学大学論集（流通・経営編）』24 巻 1 号, pp.131-152.（＊）

今西珠美（2012a）「日本の旅行業界の概況と変化」『流通科学大学論集（流通・経営編）』24 巻 2 号, pp.49-73.（＊）

今西珠美（2012b）「日本の旅行企業における国際経営の変化――本国親会社への質問票調査の比較――」『流通科学大学論集（流通・経営編）』25 巻 1 号, pp.41-59.（＊）

今西珠美（2013）『日本の旅行企業の海外進出行動の変遷』『流通科学大学論集（流通・経営編）』26 巻 1 号, pp.43-67.（＊）

今西珠美（2016）「旅行業における戦略的内部化：垂直統合による取扱量拡大モデル」『流通科学大学論集（流通・経営編）』29 巻 1 号, pp.123-140.（＊）

氏田壮一郎（2012）「競争優位性を創出する製品開発における価値形成のプロセスの考察」『経営戦略研究』Vol.6, pp.43-52.

遠藤伸明（2013）「航空会社における事業構造の変化」『東京海洋大学研究報告』Vol.9, pp.79-87.

王琰（2005）「戦後日本の旅行市場と旅行業の展開過程―― JTB の事例から――」『現代社会文化研究』（新潟大学大学院現代社会文化研究科）No.32, pp.69-86.（＊）

王琰（2006）「日本と中国における旅行市場の形成過程――比較経済史の視点から――」『現代社会文化研究』（新潟大学大学院現代社会文化研究科）No.36, pp.139-156.（＊）

王琰（2007）「日中旅行業の特質形成過程――大手旅行会社の組織体制の変遷から――」『現代社会文化研究』（新潟大学大学院現代社会文化研究科）No.38, pp.1-18.（＊）

大木裕子・山田英夫（2011）「製品アーキテクチャ論から見た楽器製造――何故ヤマハだけが大企業になれたのか――」『早稲田大学国際経営研究』（早稲田大学 WBS 研究センター）No.42, pp.175-187.

太田久雄・山口晶美（2002）『ネット時代に生き残る旅行会社』同友館.

大橋昭一（2010）「サービス業・ツーリズム業のイノベーションとエコ・イノベーション——イノベーション論の最近の動向——」『経済理論』（和歌山大学）356 巻，2，pp.21-47.

岡本義温（2009）「第 6 章　旅行サービスと旅行商品の変化」，岡本義温・小林弘二・廣岡裕一『変化する旅行ビジネス』新版，文理閣，pp.111-133.

岡本義温・小林弘二・廣岡裕一（2009）『変化する旅行ビジネス』新版，文理閣.（＊）

小川紘一（2009）「製品アーキテクチャのダイナミズムと日本型イノベーション・システム——プロダクト・イノベーションからビジネス・モデル・イノベーションへ——」，Global Business Research Center『赤門マネジメント・レビュー』8 巻 2 号，pp.37-69.

鬼澤義信（2011）「海外パッケージツアーのブランドと価格に関する構造的課題」『日本国際観光学会論文集』18 号，pp.11-17.（＊）

呉美淑（2015）「日本の観光産業の戦略的提携に関する研究——旅行業の事例研究を中心として——」『三田商学研究』58 巻 2 号，pp.199-211.（＊）

折戸晴雄（2008）『旅行マーケティングの戦略　商品企画と経営』玉川大学出版部.（＊）

柏木千春（2010）「第 1 章　旅行業——新しい価値を創るクラブツーリズム・モデル」，高橋一夫・大津正和・吉田順一編著『1 からの観光』碩学舎，pp.2-18.（＊）

香取幸一（2012）「旅行業法と規制緩和に関する一考察」『論叢』（玉川大学経営学部）19 号，pp.1-15.（＊）

狩野美知子（2008a）「旅行業における提携販売に基づく重層的産業構造の分析」『経済研究』（静岡大学）13 巻 2 号，pp.21-54.（＊）

狩野美知子（2008b）「旅行業者の競争戦略の分析——大手 4 社の経営行動に着目して——」『経済研究』（静岡大学）13 巻 3 号，pp.51-83.（＊）

北川宗忠編著（2001）『観光事業論』ミネルヴァ書房.

北川宗忠編著（2009）『現代の観光事業』ミネルヴァ書房.

北島啓嗣（2009）「オープン・インテグラルアーキテクチャ——百貨店・ショッピングセンターの企業戦略——」白桃書房，60-83，pp.84-106.

金徳謙（2004）「企業情報に基づくジェイティービーの事業展開」『観光研究』，15 巻 2 号,pp.19-28.（＊）

金徳謙（2005）「旅行業およびその関連業にみる主要旅行業者の情報化の過程」『観光研究』16 巻 2 号，pp.19-28.（＊）

具承桓（2008）『製品アーキテクチャのダイナミズム』ミネルヴァ書房.

楠木建・チェスブロウ（2001）「第 13 章　製品アーキテクチャのダイナミック・シフト

バーチャル組織の落とし穴」，藤本隆宏・武石彰・青島矢一編『ビジネス・アーキテクチャ　製品・組織・プロセスの戦略的設計』有斐閣，pp.263-285.

九里徳泰・小林裕和（2000）「日本におけるツーリズムの現状と，サービスマネジメントの必要性」，中央大学政策文化総合研究所『中央大学政策文化総合研究所年報』3，pp.31-44.（＊）

小島大輔（2009）「カナダにおける日本人向け旅行業の展開過程」『地理学評論』Series A，82巻6号，pp.604-617.

小島大輔（2013）「北アメリカにおける日本人向け旅行商品の発展過程」『長崎国際大学論叢』13巻，pp.69-78.

小林弘二（2007）『旅行ビジネスの本質——観光・旅行・航空の日英比較——』晃洋書房.（＊）

小林弘二（2009）「第3章　海外旅行ビジネスの発展過程と産業構造の醸成」，岡本義温・小林弘二・廣岡裕一『変化する旅行ビジネス』新版，文理閣，pp.33-53.（＊）

小林弘二（2013）「わが国の国際観光の動向と旅行業ビジネスの方向性」『同志社商学』64巻6号，pp.1098-1115.（＊）

小林健（2009）『日本初の海外観光旅行　九六日間世界一周』春風社.（＊）

小林裕和（2009）「旅行業におけるイノベーションの考察」『日本観光研究学会第24回全国大会論文集』，pp.1-4.

小林裕和（2010）「旅行業における商品イノベーションを引き起こす旅行商品の特性について」『国際広報メディア・観光学ジャーナル』No.10，pp.61-72.（＊）

近藤隆雄（2010）『サービス・マーケティング——サービス商品の開発と顧客価値の創造——』第2版，生産性出版.（＊）

近藤隆雄（2011）『サービスマネジメント入門——ものづくりから価値づくりの視点へ——』第3版，生産性出版.（＊）

近藤隆雄（2012）『サービス・イノベーションの理論と方法』生産性出版.（＊）

佐伯靖雄（2008）「イノベーション研究における製品アーキテクチャ論の系譜と課題」『立命館経営学』47巻1号，pp.133-162.

佐々木土師二（2007）『観光旅行の心理学』北大路書房.

佐藤喜子光（1997）『旅行ビジネスの未来　旅行産業経営論』東洋経済新報社.（＊）

佐藤喜子光（2002）『観光を支える旅行ビジネス　次世代モデルを説く』同友館.（＊）

澤渡貞男（2009）『海外パッケージ旅行発展史　観光学再入門』彩流社.

敷田麻実・森重昌之（2006）「オープンソースによる自律的観光　デザインプロセスへの観

光客の参加とその促進メカニズム」，国立民族学博物館『国立民族学博物館調査報告』
　　61，pp.243-261.

柴田耕介（2006）「観光産業の実態と課題」『国際交通安全学会誌』Vol.31，No.3，pp.
　　195-214.

柴田友厚（2008）『モジュール・ダイナミクス　イノベーションに潜む法則性の探究』白桃
　　書房.

柴田友厚・玄場公規・児玉文雄（2002）『製品アーキテクチャの進化論』白桃書房.

嶋口充輝（1986）『統合マーケティング』日本経済新聞社.

鈴木勝（2001）「国際トラベルビジネスにおける危機管理——21世紀における我が国旅行産
　　業への一考察——」『大阪明浄大学紀要』1号，pp.61-70.

鈴木勝（2003）「「衰退期」上の海外ツアー商品の一考察——商品ライフ・サイクル論の事例
　　研究——」『大阪明浄大学紀要』3号，pp.59-66.（＊）

鈴木涼太郎（2009）「観光教育における「現場の知識」の活用にむけて——パッケージツ
　　アーの価格決定における「勘と経験」をめぐる考察——」『観光ホスピタリティ教育』4
　　号，pp.2-17.（＊）

鈴木涼太郎（2010）『観光という＜商品＞の生産——日本〜ベトナム　旅行会社のエスノグ
　　ラフィー——』勉誠出版.（＊）

髙井典子（2013）「第3章「成長する観光者」への動態的アプローチ」，橋本俊哉編著『観光
　　行動論』観光学全集，4巻，原書房，pp.43-63.

高橋一夫（2001）「第6章　旅行業」，北川宗忠編著『観光事業論』ミネルヴァ書房，pp.
　　123-148.（＊）

高橋一夫（2004）「第5章　国際交流時代の旅行商品——旅行事業と観光文化——」，北川宗
　　忠編著『観光文化論』ミネルヴァ書房，pp.111-133.（＊）

高橋一夫（2013）『旅行業の扉　JTB100年のイノベーション』碩学舎，中央経済社.（＊）

高橋一夫・石井淳蔵（2011）『観光のビジネスモデル　利益を生みだす仕組みを考える』学
　　芸出版社.（＊）

高橋一夫・大津正和・吉田順一編著（2010）『1からの観光』碩学舎，中央経済社.（＊）

高橋秀雄（1998）『サービス業の戦略的マーケティング』中央経済社.

竹中正道（2011）「日本の海外パッケージツアー，その功罪と未来」『日本国際観光学会論文
　　集』18号，pp.123-129.（＊）

竹中正道（2015）「ツアーオペレーターの多角経営と業界地図の変化」『日本国際観光学会論
　　文集』22号，pp.151-156.（＊）

田路則子（2008［2005］）『アーキテクチュラル・イノベーション　ハイテク企業のジレンマ克服』改訂版，白桃書房.

立本博文（2009）「製品アーキテクチャが分業構造に与える影響と国際競争力の分析：液晶テレビの事例」『中国経営管理研究』8号，pp.23-53.

田中祥司（2011）「知覚リスクの構造と緩和策──旅行商品購買を中心に──」『経営戦略研究』（関西学院大学大学院経営戦略研究科），pp.139-152.（＊）

田中辰雄（2009）『モジュール化の終焉　統合への回帰』NTT出版.

谷口知司（2010）『観光ビジネス論』ミネルヴァ書房.（＊）

玉村和彦（1993）「1970年代におけるパッケイジ・ツアーの普及要因」『同志社商学会』45巻1号，pp.124-143.（＊）

玉村和彦（1999）「日本におけるパッケージツアーの誕生」『同志社商学会』50巻5・6号，pp.367-380.（＊）

玉村和彦（2003）『パッケージ観光論』同文館出版.（＊）

津山雄一・太田久雄（2000）『海外旅行マーケティング』同友館，pp.45-82.（＊）

手島廉幸（2008）「マスツーリズムの歴史的変遷と今後の行方──マスツーリズムに終焉はない──」『日本国際観光学会論文集』Vol.15，pp.11-17.（＊）

トラベルジャーナル編（2002）『旅行ビジネス入門』第3版，トラベルジャーナル.（＊）

内藤錦樹（2005）「旅行業の業態変革とホスピタリティ戦略の一考察」『桜美林大学経営政策論集』4巻1号，pp.51-77.（＊）

中尾勝典（2005）「韓国の旅行業界における日本向け商品の造成と流通──ランドオペレーターを中心に──」『関門地域研究』（下関市立大学産業文化研究所），pp.125-142.

中川功一（2007）「製品アーキテクチャ研究の嚆矢」『赤門マネジメント・レビュー』6巻11号，pp.557-588.

日本国際観光学会編・松園俊志監修（2005）『旅行業入門』改訂二版，同友館.（＊）

野口洋平（2013a）「日本の海外パッケージツアーの変遷──イノベーションと製品アーキテクチャ論──」『外国語学部紀要』（杏林大学外国語学部）25号，pp.267-284.（＊）

野口洋平（2013b）「第7章　旅行産業経営──旅行業の近未来──」，岡本伸之編著『観光経営学』朝倉書店，pp.77-90.（＊）

野口洋平（2014）「日本のパッケージツアーの構造と商品特性──製品アーキテクチャ論からの分析──」『日本国際観光学会論文集』21号，pp.137-144.（＊）

野口洋平（2015）「パッケージツアーをめぐる競争と差別化の焦点」『観光ホスピタリティ教育』8号，pp.3-22.（＊）

野口洋平（2017）「モジュラー型商品としてのスケルトン型ツアー商品のインテグラル型への回帰」『外国語学部紀要』（杏林大学外国語学部）29号，pp.107-122.（＊）

野口洋平（2018）「未知の世界への好奇心と海外パッケージツアー」，交通経済研究所『運輸と経済』78巻10号，pp.169-176.（＊）

橋本佳恵（2000）「海外主催旅行における添乗員の役割に関する研究」『大阪明浄大学紀要』開学記念特別号，pp.73-81.

羽田昇史・中西泰夫（2005）『サービス経済と産業組織』改訂版，同分舘出版.

日夏嘉寿雄（2000）「旅行業の生成と発展――新しいビジネス機会の発生と事業化――」『奈良県立商科大学研究季報』11巻2号，pp.11-23.（＊）

平田進也（2004）『出る杭も5億円稼げば打たれない！　カリスマ添乗員が教える売り上げ5倍戦術』小学館.（＊）

平田進也（2008）『7億稼ぐ企画力　旅行業界のカリスマ』小学館.（＊）

平田進也（2015）『カリスマが教える　人を虜にする極意』KADOKAWA・中経出版.

廣岡裕一（2002）「旅行契約の考え方と認識」『政策科学』（立命館大学政策科学部）10巻1号，pp. 97-116.（＊）

廣岡裕一（2003）「旅行あつ旋業法の制定と旅行業法への改正―― 1952年の制定と1971年の改正――」『政策科学』（立命館大学政策科学部）11巻1号，pp.119-131.（＊）

廣岡裕一（2004）「欧州のパッケージ旅行における旅行者に対する旅行業者の責任」『政策科学』（立命館大学政策科学部），12巻1号，pp.97-109.（＊）

廣岡裕一（2005a）「洗練された「旅行」取引のための立法政策」『政策科学』（立命館大学政策科学部），12巻2号，pp.57-68.（＊）

廣岡裕一（2005b）「旅行業法の変遷――旅行業法に改題後の1982年と1995年の改正――」『政策科学』（立命館大学政策科学部）13巻1号，pp.107-118.（＊）

廣岡裕一（2007）『旅行取引論』晃洋書房，pp.38-73.（＊）

藤本隆宏（2001）「第1章　アーキテクチャの産業論」，藤本隆宏・武石彰・青島矢一編『ビジネス・アーキテクチャ　製品・組織・プロセスの戦略的設計』有斐閣，pp.3-26.

藤本隆宏（2002）「製品アーキテクチャの概念・測定・戦略に関するノート」，RIETI Discussion Paper Series，経済産業研究所，02-J-008.

藤本隆宏（2005）「アーキテクチャの比較優位に関する一考察」，RIETI Discussion Paper Series，経済産業研究所，No.05-J-013.

藤本幸男・森下晶美（2011）『旅行商品企画の理論と実際』同友館.（＊）

塹江隆（2006）『観光と観光産業の現状』改訂版，文化書房博文社.（＊）

堀竹学（2010）「企画旅行契約の法的性質」『島根県立大学北東アジア地域研究センター北東アジア研究』18・19 合併号，pp. 33-44.

前川満（1995）「旅行業の成長と旅行者のニーズに関する一考察」『佛大社会学』20 号，pp. 32-44.（＊）

前田勇（2015［1995］）「観光とサービスの心理学」『観光行動学序説』第 2 版，学文社.

前田勇・佐々木土師二監修，小口孝司編集（2006）『観光の社会心理学——ひと，こと，もの— 3 つの視点から——』北大路書房.

松鷹彰弘（1994）「日本人のマスツーリズムに関する一考察」『沖縄短大論叢』8 巻 1 号，pp. 79-132.（＊）

溝尾良隆（1990）『観光事業と経営　たのしみ列島の創造』東洋経済新報社.

南方建明・酒井理（2009）『サービス産業の構造とマーケティング』中央経済社.

三原義久（2001）「主催旅行における快適さに関する研究」『大阪明浄大学紀要』1 号，pp. 71-76.（＊）

森下晶美（2007）「家族構造の変化と家族旅行——海外家族旅行における現在の潮流と展望——」『観光学研究』（東洋大学）6 号，pp.33-43.（＊）

森下晶美（2009）「ハワイ旅行マーケットで成功したサービスシステムの成功要因を探る」『日本国際観光学会論文集』16 号，pp. 63-67.（＊）

森住正明（2009）「旅行契約の特殊性と旅行業法に関する一考察」『研究紀要』（東京交通短期大学）15 号，pp.51-69.（＊）

森正人（2010）『昭和旅行誌　雑誌『旅』を読む』中央公論新社.（＊）

山口一之・戸崎肇（1997）『社会の多元化と旅行産業』同文館.（＊）

山口誠（2010）「第 5 章　米領グアム島にみる日本人観光の特性とその歴史性」，関西大学経済・政治研究所『調査と資料』107 号，pp.97-111.

山﨑洋治（2006）「製品アーキテクチャにおける逆シフト——繊維産業内業種連携「ザ・京都」を事例とした経路変化の一例——」『立教ビジネスデザイン研究』3 号，pp.309-323.

山上徹（1996）『現代交通サービス論』地域産業研究所.

山本義徳（2007）「個人自由旅行対パッケージツアー——観光のマーケティング・ツェルマットスキー旅行のケース——」『阪南論集　社会科学編』42 巻 2 号，pp.99-108.（＊）

吉田春生（2004）『エコツーリズムとマス・ツーリズム　現代観光の実像と課題』原書房.

吉田春生（2010）『新しい観光の時代』原書房.（＊）

吉田春生（2012a）「旅行商品とは何か」『福祉社会学部論集』（鹿児島国際大学福祉社会学部）30 巻 4 号，pp.1-25.（＊）

吉田春生（2012b）「大手旅行会社の油断——新市場はいかに生まれたか」『福祉社会学部論集』（鹿児島国際大学福祉社会学部）30 巻 4 号，pp.27-42.（＊）

吉田春生（2016）『観光マーケティングの現場　ブランド創出の理論と実践』大学教育出版.（＊）

吉水淑雄・瀬戸敦子（2018）「日本人の海外観光旅行の変容——海外旅行自由化以降に注目して——」『岐阜女子大学紀要』48 号，pp.19-28.（＊）

立教大学観光学部旅行産業研究会編著（2016）『旅行産業論』日本交通公社.（＊）

【英文】

Abernathy, W.（1978）*The Productivity Dilemma*, The Johns Hopkins University Press.

Baldwin, C.（2006）"Modularity in the Design of Complex Engineering Systems," *Complex Engineered Systems*, pp.175-205.

Baldwin, C.（2007）"Where Do Transactions Come From? Modularity, Transactions, and the Boundaries of Firms," *Oxford Journals*, Vol.17, Issue1, pp.155-195.

Baldwin, C., Clark, K.（2006a）"Architectural Innovation and Dynamic Competition : The Smaller "Footprint" Strategy," HBS Working paper, Harvard Business School, pp. 7-14.

Baldwin, C., Clark, K.（2006b）"The Architecture of Participation: Does Code Architecture Mitigate Free Riding in the Open Source Development Model ?," *Management Science*, INFORMS, pp.1116-1127.

Chesbrough, H.（2003）*Open Innovation*, Harvard Business School Press（邦訳：大前恵一朗訳（2004）『オープン・イノベーション』産業能率大学出版部）.

Christensen, C.（1997）*The Innovator's Dilemma: When New Technology Cause Firm to Fail*, Harvard Business School Press（邦訳：玉田俊平太監修・伊豆原弓訳(2001)『イノベーションのジレンマ』増補改訂版，翔泳社）.

Christensen, C., Raynor, M.（2003）*The Innovator's Solution*, Harvard Business School Press.

Cohen, E.（1972）"Toward A Sociology of Internatinal Tourism, Social Research," Vol. 39, No. 1, *POLITICAL ECONOMICS*（SPRING 1972）, pp.164-182.

Fine, C.（1998）*Clockspeed, : Winning Industry Control in the Age of Temporary Advantage*, Perseus Books.

Franke, N., von Hippel, E.（2003）"Satisfying Heterogeneous User Needs via Innovation Toolkits: The Case of Apache Security Software," *Research Policy*, Vol.32, pp.1195-1215.

Galunic, D., Eisenhardt, K. (2001) "Architectural Innovation and Modular Corporate Forms," The Academy of Management, *The Academy of Management Journal*, pp.1229-1249.

Gatignon, H., Tushman, M., Smith, W., Anderson, P. (2001) "A Structural Approach to Assessing Innovation: Construct Development of Innovation Locus, Type and Character-istics," INSEAD, Working Papers.

Henderson, R., Clark, K. (1990) "Architectural Innovation: The Reconfiguration of Existing Product Technologies and the Failure of Established Firms," Administrative Science Quartely, *Administrative Quarterly*, 35, pp.9-30.

Kotler, P., Kartajaya, H., Setiawan, I. (2010) *Marketing 3.0 : From Products to Customers to the Human Spirit, Wiley* (邦訳：恩藏直人・藤井清美訳(2010)『コトラーのマーケティング3.0 ソーシャル・メディア時代の新法則』朝日新聞出版）.

Langlois, R. (1992) "Networks and innovation in a modular system: Lessons from the microcomputer and stereo component industries," *Research Policy*, 21, ELSEVIER, pp.297-313.

Laws, E. (1991) "Tourism Marketing," *Stanley Thornes*, p.5.

Pearce, P. L., Lee Ul. (2005) "Developing the Travel Career Approach to Tourist Motivation," *Journal of travel research*, 43 (3), pp.226-237.

Mak, J. (2004) *Tourism and the Economy: Understanding the Economics of Tourism*, University of Hawaii Press（邦訳：瀧口治訳・藤井大司郎訳（2005）『観光経済学入門』日本評論社）.

March, R. (1997) "An Exploratory Study of Buyer-Supplier Relationships in International Tourism : The Case of Japanese Wholesalers and Australian Suppliers," *Journal of Travel & Tourism Marketing*, Vol.6, Issue1, pp.55-68.

Morris, C., Ferguson, C. (1993) "How Architecture Wins Technology Wars," *Harvard Business Review*, pp.86-95.

Normann, R. (1984) *SERVICE MANAGEMENT: Strategy and Leadership in Service Business* , 2nd edition, WILEY（邦訳：近藤隆雄（1993）『サービス・マネジメント』NTT出版）.

Pearce, P. L. (1988) *The Ulysses Factor*, Sringer-Verlag, New York.

Pearce, P. L., Moscardo G. M. (1985) "The Relationship Between Travellers' Career Levels and the Concept of Authenticity," *Australian journal of Psychology*, 37 (2), pp.157-174.

Pine, J., Gilmore, J. (1999) *The Experience Economy: Work is Theatre & Every Business a*

Stage, Harvard Business School Press（邦訳：岡本慶一・小髙尚子（2005）［新訳］『経験経済　脱コモディティ化のマーケティング戦略』ダイヤモンド社）．

Porter, M.（1980）*COMPETITIVE STRATEGY*, The Free Press（邦訳：土岐坤・中辻萬治・服部照夫（1982）『新訂　競争の戦略』ダイヤモンド社）．

Robertson, P., Langlois, R.（1994）"Innovation, Networks, and Vertical Integration," *Science Direct*, ELSEVIER, Vol.24, Issue4, pp.543-562.

Schmitt, B.（1999）*Experiential marketing: How to get customers to sense, feel, think, act and relate to your company and brands*, New York: The Free Press（邦訳：嶋村和恵訳・広瀬盛一訳（2000）『経験価値マーケティング——消費者が「何か」を感じるプラス a の魅力——』ダイヤモンド社）．

Ulrich, K.（1995）"The role of product architecture in the manufacturing firm," *Research Policy*, 24, ELSEVIER, pp.419-440.

Utterback, J. M.（1994）*Mastering the Dynamics of Innovation: How Companies Can Seize Opportunities in the Face of Technology Change*, Boston, Mass.: Harvard Business School Press（邦訳：大津正和監訳・小川進監訳（1998）『イノベーションダイナミクス』有斐閣）．

von Hippel, E.（1994）"Sticky Information and the Locus of Problem solving: Implications for Innovation," *Management Science*, Vol.40, pp.429-439.

von Hippel, E., Kats, R.（2000）"Shifting Innovation to Users via Toolkits," *Management Science*, Vol.48, No.7, pp.821-833.

参考ウェブサイト

H.I.S.グループ情報「グループ企業」
　　https://www.his.co.jp/company/group/（2019 年 2 月 18 日閲覧）
JTB ワールドバケーションズ「ルック JTB の魅力　シャトルバス　ハワイ」
　　http://www.lookjtb.com/lookjtb/miryoku/shuttlebus/hawaii.asp（2014 年 9 月 14 日閲覧）
エイチ・アイ・エス「H.I.S. オリジナルトロリー LeaLea トロリー」
　　http://www.his-j.com/tyo/tour/tour_special/lealea.htm（2014 年 9 月 14 日閲覧）
日本航空「JAL グループ情報」
　　http://www.jal.com/ja/outline/group_category/（2019 年 2 月 18 日閲覧）

日本旅行「おもしろ旅企画ヒラタ屋」

　http://www.nta.co.jp/kansai/mtc/hirataya.htm（2014 年 9 月 14 日閲覧）

東日本旅客鉄道「本社・支社・グループ会社一覧」

　https://www.jreast.co.jp/group/（2020 年 1 月 20 日閲覧）

ワールド航空サービス「添乗員の横顔」

　http://www.wastours.jp/voice/tenjoin_yokogao/（2014 年 9 月 14 日閲覧）

グローバルユースビューロー「スタッフ紹介」

　http://www1.gyb.co.jp/staff/staff_list.php（2014 年 9 月 14 日閲覧）

グローバルユースビューロー「同行のツアーコンダクター紹介」

　http://www1.gyb.co.jp/tourlist/tg.php（2014 年 9 月 14 日閲覧）

参考資料

※ 下記以外に pp.167-175 で末尾に「（＊）」がある参考文献も参考資料である.

今西珠美（2018）「日本の旅行企業の新興国進出：エイチ・アイ・エスの東南アジアにおける事業展開」『流通科学大学論集（流通・経営編）』30 巻 2 号，pp.91-111.

岩本俊彦（2012）「ツーリズム・マーケティングにおける差異化政策の複合構造」『東京情報大学研究論集』16 巻 1 号，pp.71-86.

株式会社ジャルパック総務部人事総務グループ（2019）「海外へのパッケージツアーを切り拓いたジャルパック（特集　団体旅行）―（団体旅行を作る）」，交通経済研究所『運輸と経済』79 巻 6 号，pp.47-53.

澤渡貞男（2014［2009］）『海外パッケージ旅行発展史：ときめきの観光学・海外旅行史編』増補改訂版，言視舎.

鈴木涼太郎（2006）「パッケージツアー造成過程の合理化とその限界――旅行業 A 社への民族誌的アプローチから――」『立教観光学研究紀要』8 号，pp.33-44.

玉村和彦（1991）「旅行商品におけるホールセリングの確立」『同志社商学』42 巻 4 号，pp.756-776.

丸山政行（2013）「転機に立つ旅行業：従来型海外旅行業ビジネスモデルの終焉」『大阪観光大学紀要』13 号，pp.97-99.

山川拓也（2015）「海外旅行における文化的価値を基盤とする旅行業の再定義化――旅行会社の商品マーケティング戦略における文化論的視点――」『日本国際観光学会論文集』，

第 22 巻，pp.97-102.

山川拓也（2016）「添乗員付き海外団体パッケージツアーの構造分析：「インクルージョン・モデル」を援用して」『広島文教女子大学紀要』51 巻，pp.59-69.

吉田春生（2011）「観光マーケティングへ向けて：コトラーはなぜ有効でないのか」『福祉社会学部論集』（鹿児島国際大学福祉社会学部）30 巻 2 号，pp.1-13.

謝　辞

　本書は，2020 年度の立教大学出版助成を得て出版することができました．立教大学に心より感謝申し上げます．ありがとうございました．

　また，本書の元となった博士学位論文「パッケージツアーの構造とその変化——製品アーキテクチャ論からの分析——」の提出にあたって，多くの方々からご指導とご助力をいただきました（肩書等は当時のもの）．

　主査をお引き受けくださった，立教大学観光学部教授　橋本俊哉先生に厚く御礼申し上げます．学部長職という重責の中でも，筆者のために多くの時間を割いてくださいました．そして，さまざまなご指導・ご助言，ご高配を頂戴しました．ありがとうございました．

　副査をお引き受けくださった，立教大学観光学部教授　豊田由貴夫先生に厚く御礼申し上げます．ご指導・ご助言はいつも重要かつ新鮮で，学際研究としての意識を新たにすることができました．ありがとうございました．同じく，副査をお引き受けくださった，立教大学観光学部特任教授・JTB 総合研究所代表取締役社長執行役員　野澤肇先生に厚く御礼申し上げます．実務でのご経験をもとにしたご指導・ご助言は，論文における理論と実際のバランスにつながりました．ありがとうございました．また，同じく，副査をお引き受けくださった，立教大学観光学部教授　韓志昊先生に厚く御礼申し上げます．論文についてのご指導・ご助言に加え，審査の過程でさまざまなご対応，ご配慮をいただきました．そして，大学院時代の先輩としての励ましは，論文完成に向けて何よりの力になりました．ありがとうございました．

　外部審査員をお引き受けくださった，立教大学名誉教授　村上和夫先生に厚く御礼申し上げます．今回の博士学位申請のきっかけと研究のアイデアをお与えくださり，審査においてもご指導くださいました．ありがとうございました．

　加えて，立教大学観光学部・観光学研究科の先生方には，執筆の過程で多くのご指導やご助言，心温かいご支援を頂戴しました．立教大学教務部学部事務5 課の林奈都子様には，博士学位申請に関する事務手続きにおいて，親切丁寧にご対応いただきました．皆さまに心より感謝申し上げます．ありがとうございました．

　そして，学部学生時代から現在に至るまでご指導くださり，研究者・大学教員の道へお導きくださった立教大学名誉教授　岡本伸之先生に厚く御礼申し上げます．なかなか進まない執筆作業の中で，最後まで論文の完成を信じ，応援し続けてくださいました．ありがとうございました．

　大学教員として働きながら博士学位を目指す中で，研究者としての能力，教育・学務との両立，家庭との両立のいずれにおいても，多くの厳しい現実に直面しました．時には冷たい風を感じることもありました．それでも，論文の完成に漕ぎ着けることができたのは，今回の過程で触れた母校・立教大学の優しさと先生方の温かさのおかげです．研究の道は辛く厳しいものであったものの，同時にそこには優しさや温かさがありました．まさに，論文完成までの日々を通じて，「共に生きること」を学ぶことができました．

　約10年にも及ぶ執筆のために，妻，娘，息子には，さまざまなことで我慢をしてもらいました．本当にごめんなさい．そして，ありがとうございました．また，研究者・大学教員の道に進むことを認め，今回の博士論文の完成を心待ちにしてくれた両親にも感謝します．ありがとうございました．

　また，出版にあたっては，晃洋書房の山本博子氏に大変お世話になりました．丁寧で心温かいご対応に心より感謝申し上げます．ありがとうございました．

　最後に，本書の出版，博士学位論文の完成にお力添えくださったすべての皆さまに，厚く御礼申し上げます．ありがとうございました．

　2021年1月吉日

野 口 洋 平

索　　引

《著者紹介》

野口洋平（のぐち　ようへい）

1975 年　東京都杉並区生まれ
1999 年　立教大学社会学部観光学科卒業
2004 年　立教大学大学院観光学研究科博士課程後期課程単位取得退学
2020 年　博士（観光学・立教大学）
現　在　杏林大学外国語学部准教授，立教大学観光学部兼任講師

主要業績

『旅行産業論』（共著，日本交通公社，2016 年）
『よくわかる観光学 1　観光経営学』（共著，朝倉書店，2013 年）
『観光のマーケティング・マネジメント』（共著，ジェイティービー能力開発，
　　2011 年）
『観光学全集 第 1 巻　観光学の基礎』（共著，原書房，2009 年）
『観光事業論講義』（編著，くんぷる，2005 年）

現代旅行のアーキテクチャ
——パッケージツアーの構造とその変化——

2021年 2 月20日　初版第 1 刷発行	＊定価はカバーに 　表示してあります	

著　者　　野　口　洋　平ⓒ

発行者　　萩　原　淳　平

印刷者　　藤　森　英　夫

発行所　株式会社　晃　洋　書　房

〒615-0026　京都市右京区西院北矢掛町 7 番地
電話　075(312)0788番(代)
振替口座　01040-6-32280

装丁　尾崎閑也　　　　　印刷・製本　亜細亜印刷㈱

ISBN978-4-7710-3466-2